LES MAISONS
ROMANTIQUES
DE FRANCE

COUNTRY HOUSES
OF FRANCE

LANDHÄUSER
IN FRANKREICH

LES MAISONS ROMANTIQUES DE FRANCE

COUNTRY HOUSES OF FRANCE

LANDHÄUSER IN FRANKREICH

Barbara & René Stoeltie

SOUS LA DIRECTION DE · EDITED BY · HERAUSGEGEBEN VON
Angelika Taschen

TASCHEN

KÖLN LONDON MADRID NEW YORK PARIS TOKYO

SOMMAIRE
CONTENTS
INHALT

6
Introduction
Einleitung

10
**LA FERME DE
BELLEFONDS**
Dorothea de La Houssaye
Normandie

20
**UN MANOIR
EN NORMANDIE**
Guy Thodoroff

30
**UN CHÂTEAU
EN PICARDIE**
Anna et Gunther Lambert

36
LES SOURCES
Anne-Marie et Christophe Reynal
Île-de-France

42
**LA MAISON DU
PÈRE MOISI**
Marianne et Franck Evennou
Île-de-France

54
LE CHÂTEAU D'HÉRIVAUX
Didier Rabes
Île-de-France

64
CHRISTIAN SIRET
Île-de-France

70
PICKWICK HOUSE
Didier Ludot et Felix Farrington
Île-de-France

78
UNE MAISON EN ÎLE-DE-
FRANCE
Jean-François Gosselin

84
LE VIAL
Jean-François Lesage et Patrick Savouret
Île-de-France

90
UN PRIEURÉ EN
TOURAINE

98
LA MAISON DES
TOURELLES
Maroeska Metz
Limousin

106
LA COMMANDERIE DE
LAVAUFRANCHE
Bernadette et Lucien Blondeau
Limousin

118
UNE MAISON À AUBUSSON
Bénédicte et Jean-Jacques Wattel
Limousin

126
UNE MAISON AU CŒUR DU
LUBÉRON
Provence

132
LE MAS D'ESTO
Siki de Somalie
Provence

140
VIVRE À RAMATUELLE
Serge Hubert
Côte d'Azur

146
AKKO VAN ACKER
Côte d'Azur

154
FRÉDÉRIC MÉCHICHE
Côte d'Azur

164
LA BUISSAIE
Côte d'Azur

174
JEAN-PAUL THOMAS
Côte d'Azur

180
LE CABANON
Ricardo Wilhelmsen
Côte d'Azur

191
Remerciements
Acknowledgements
Danksagung

LES MAISONS
ROMANTIQUES
DE *France*

Jean-Baptiste Siméon
Chardin, *Les bulles de
savon · Soap Bubbles ·
Die Seifenblase*
(1732–1733), National
Gallery of Art, Wash-
ington

«Pour comprendre à fond l'art de vivre il est, peut-être, nécessaire
d'avoir passé quelque temps parmi les Français» écrivait le célèbre
architecte Robert Adam au 18e siècle, et en introduisant subtilement
le mot «peut-être», il faisait preuve d'un soupçon de doute, si propre
à la nature présomptueuse de ses contemporains …

Toutefois, nul ne saurait nier que la France est un pays merveilleux. Un pays que nous associons volontiers à la somptueuse
architecture de Paris, au soleil vif et aux ocres rouges de Provence,
aux brumes de Bretagne, à la bonne cuisine et les grands vins, la
mode et les parfums, et bien d'autres plaisirs épicuriens étroitement
liés à notre bien-être et notre bonheur.

Découvrir la France, c'est tomber éperdument amoureux d'un
village doté d'un labyrinthe de vieilles rues pavées et d'une petite
église romane. C'est se laisser surprendre – en perdant son chemin –
au bout d'une allée bordée de platanes, par la vue d'un vaste château
entouré d'un parc élégant. Et c'est, par-dessus tout, s'imprégner
d'images gonflées de romantisme et qui nous livrent la preuve tangible que malgré toutes les agressions du «progrès» rien n'a vraiment
changé, que les récits de Stendhal, de Balzac et de Flaubert n'ont pas
pris une ride et que les maisons d'antan ont gardé leurs vieilles cheminées, leurs délicieuses cretonnes à fleurs, leur mobilier d'époque

ROMANTIC COUNTRY HOUSES OF *F*RANCE

"In order fully to comprehend the art of living, it is, perhaps, necessary to have spent some time among the French," wrote the famous architect Robert Adam in the 18th century. His use of the word "perhaps" confirms the element of doubt so characteristic of the presumptuous attitudes of his contemporaries. Nevertheless, no one can deny that France is a marvellous country, a country we associate with the sumptuous architecture of Paris, the blazing sun and red ochres of Provence, the regal splendour of Versailles, a refined cuisine, great wines, fashion, perfume, and so many other epicurean delights intimately bound up with human happiness and well-being.

To discover France is to fall hopelessly in love with a small village with its labyrinth of cobbled streets and its little Romanesque church. It is to experience surprise as, having taken the wrong turn, you come across an avenue of plane trees, at the end of which you catch sight of a vast château set in an elegant park. Most of all, it is to be inspired by highly romantic images which provide tangible proof that, despite encroaching "progress", nothing has really changed, that the descriptions in the novels of Stendhal, Balzac and Flaubert are as fresh as ever and that the old houses still retain their fireplaces, their delightful floral cretonnes, their period furniture and their ancient, creaking floors, smelling sweetly of beeswax.

ROMANTISCHE LANDHÄUSER IN *F*RANKREICH

»Um wirklich zu begreifen, was Lebenskunst bedeutet, muß man vielleicht einige Zeit unter Franzosen gelebt haben«, schrieb der berühmte Architekt Robert Adam Anfang des 18. Jahrhunderts. Das Wörtchen »vielleicht« zeugt von einem kleinen Zweifel, wie er für seine arroganten Zeitgenossen ganz typisch ist …

Trotzdem wird wohl niemand ernsthaft bezweifeln, daß Frankreich ein wundervolles Land ist. Ein Land, bei dem wir sofort an die prunkvolle Architektur von Paris denken, an die intensive Sonne und das Ockerrot der Provence, an die Pracht von Versailles, an gute Küche, köstliche Weine, an Mode, Parfum und viele andere Sinnenfreuden, die uns glücklich machen und ein Leben wie »Gott in Frankreich« bescheren.

Frankreich entdecken bedeutet, sich Hals über Kopf in ein kleines Dorf mit einem Labyrinth aus alten Pflasterstraßen und einer kleinen romanischen Kirche zu verlieben. Das heißt, vom Weg abzukommen und am Ende einer platanengesäumten Allee unerwartet auf ein imposantes Château inmitten eines eleganten Parks zu stoßen. Die Flut an romantischen Bildern zeigt, wie wenig sich die Dinge trotz allen hektischen Fortschrittes verändert haben. Die Werke von Stendhal, Balzac und Flaubert sind nach so vielen Jahren nicht verstaubt. In den Häusern von einst findet man noch die alten Kamine, die hübschen geblümten Baumwollstoffe und Parkett, das unter unseren Schritten knarrt und herrlich nach Bienenwachs duftet.

Jean-Baptiste Siméon
Chardin, *La pourvoy-
euse · Girl Returning
from the Market · Die
Botenfrau* (1738),
Louvre, Paris

A GAUCHE · LEFT ·
LINKS: Jean-Baptiste
Oudry, *Paysage avec une
jeune paysanne et des
animaux · Landscape
with a Peasant Girl and
Animals · Landschaft
mit Bauernmädchen
und Tieren* (1727),
Cailleux, Paris

et leurs anciens parquets qui craquent sous nos pas et qui fleurent
bon la cire d'abeilles.

«Grande maison grave, revêche avec sa porte à clochette d'orphe-
linat, son entrée cochère à gros verrou de geôle ancienne, maison
qui ne souriait qu'à son jardin» écrivait Colette dans «La Maison de
Claudine». Et les voilà miraculeusement sauvées, ces maisons, par
les nouveaux gardiens du passé qui illustrent les pages de ce livre et
qui se sont imposé la tâche lourde et souvent ingrate de remeubler
des châteaux vides, de restaurer une ferme en ruine, de réanimer la
demeure cossue et bourgeoise héritée d'une grand-mère nostalgique
du «bon vieux temps», ou qui ont eu l'audace d'introduire du mobilier contemporain dans un décor vieux de plusieurs siècles.

Au siècle dernier, Guy de Maupassant prêchait déjà les richesses
ignorées de son pays natal. «Ne suivre jamais les grand'routes, et
toujours les sentiers – proclamait-il – coucher dans les granges
quand on ne rencontre point d'auberges, manger du pain et boire de
l'eau quand les vivres sont introuvables, et ne craindre ni la pluie, ni
les distances ni les longues heures de marche régulière, voilà ce qu'il
faut pour parcourir et pénétrer un pays jusqu'au cœur, pour ouvrir,
tout près des villes où passent les touristes, mille choses qu'on ne
soupçonnait pas …»

Ces «milles choses qu'on ne soupçonnait pas» et qui sont l'âme
du romantisme nous appartiennent. Il suffit de les regarder …

"A large solemn house, rather forbidding, with its shrill bell and its carriage entrance with a huge bolt like an ancient dungeon, a house that smiled only on its garden side." So wrote Colette in "My Mother's House". Today, such houses are being miraculously saved by the modern guardians of our heritage who appear in the pages of this book. They have undertaken the onerous and often ungrateful task of refurnishing a deserted château, restoring a ruined farm, or reviving an opulent bourgeois residence inherited from a grandmother reluctant to let go of "the good old days". And some have even had the audacity to introduce contemporary furniture into a décor several centuries old.

In the last century, Guy de Maupassant was already proclaiming the unknown riches of his native soil. "Never follow the main road, always keep to the paths," he declared, "sleep in barns when no inn can be found, eat bread and drink water when no victuals are to hand, and have no fear either of the rain, distances or long hours of steady walking. This is what is needed to travel to the very heart of a country, to uncover, close to the towns where the tourists flock, a thousand unsuspected things …"

These "thousand unsuspected things", the very soul of romanticism, belong to us. We only have to look at them.

Jean-Baptiste Siméon Chardin, *La brioche · The Brioche · Stilleben mit Brioche* (1763), Louvre, Paris

»Das große, würdevolle Haus mit der schrill und laut tönenden Schelle, dem mächtigen, eines Kerkers würdigen Riegel an der Eingangstür, ein Haus, das wohl nur dem Garten ein Lächeln schenkt« schrieb Colette einst in »Claudines Mädchenjahre«. Und hier finden wir jene Häuser, die auf wundersame Weise von den Liebhabern der Vergangenheit gerettet wurden. In diesem Buch werden sie vorgestellt: die Menschen, die sich der schweren und oft undankbaren Aufgabe gestellt haben, leere Schlösser wiedereinzurichten, Ruinen bewohnbar zu machen oder das Erbe einer Großmutter aus »der guten alten Zeit« zu erhalten. Manch einer von ihnen hatte sogar die Kühnheit, ein jahrhundertealtes Gebäude mit modernen Möbeln einzurichten.

Schon im letzten Jahrhundert rühmte Guy de Maupassant die vergessenen Reichtümer seiner Heimat: »Es gilt, sich nie an die großen Straßen, sondern an die Fußwege zu halten«, empfahl er, »und wenn keine Herberge in Sicht ist, in Scheunen zu nächtigen. Findet man kein Gasthaus, genügen Brot und Wasser als Verpflegung. Weder Regen noch große Entfernungen oder lange Stunden der Wanderschaft soll man fürchten. Auf diese Weise dringt man bis ins Herz eines Landes vor und der Blick wird frei für die tausend ungeahnten Dinge, die es abseits der Städte, die Touristen bereisen, zu bestaunen gibt …« Hinter »tausend ungeahnten Dingen« verbirgt sich die Seele der Romantik. Sie gehören uns allen, man muß nur hinsehen …

Jean-Baptiste Siméon Chardin, *Le bénédicité · Saying Grace · Das Tischgebet* (1741–1742), Louvre, Paris

LA FERME DE BELLEFONDS
Dorothea de La Houssaye
Normandie

DOUBLE PAGE PRECEDENTE: *l'escalier qui mène de la chambre de Dorothea au grenier.* **CI-DESSUS:** *la loggia italianisante.*

PREVIOUS PAGES: *the staircase leading from Dorothea's bedroom to the attic.* **ABOVE:** *the Italianate loggia.*

VORHERGEHENDE DOPPELSEITE: *Die Treppe verbindet das Schlafzimmer von Dorothea mit dem Speicher.* **OBEN:** *die Loggia im italienischen Stil.*

La comtesse Dorothea de La Houssaye – en dépit de son nom bien français – est une Hollandaise pur sang, et décrire sa personnalité impose l'emploi de l'adjectif «pétillante» … Il y a quelques années déjà qu'elle étonna ses proches en se jetant corps et âme sur la restauration de la Ferme de Bellefonds, située à deux pas du Château de L'Isle-Marie, la vieille demeure ancestrale de son mari Gilles dans la région du Cotentin. Construite à l'aube du 17ᵉ siècle, la «ferme» – en réalité un ancien manoir – fut annexée un demi-siècle plus tard par le flamboyant Maréchal de Bellefonds. Mais ce qui charma davantage Dorothea, c'était sa loggia ornée de trois arches imposantes, sa cuisine rustique et son labyrinthe de pièces aux murs émiettés. Du coup, la châtelaine décida de ne toucher à rien et de garnir la ferme avec un choix de tableaux et d'objets dénichés dans son château adjacent. Avec l'aide de quelques amis fidèles, de très vieux ustensiles de cuisine, une collection de portraits d'ancêtres, de la vaisselle et du linge d'époque et un authentique lit Louis XVI prirent le chemin de la Ferme de Bellefonds. Et quelques jours à peine après le déménagement, la comtesse put inviter quelques intimes à venir dîner dans son «nouveau domicile», une demeure hors du temps où règne une ambiance irréelle et décidément romantique.

Despite her very French name, Comtesse Dorothea de La Houssaye is a thoroughbred Dutchwoman, and "sparkling" is the only possible word to describe her personality. It is some years since she threw herself body and soul into restoring La Ferme de Bellefonds, situated close to the Château de L'Isle-Marie, the ancestral home of her husband Gilles on the Cotentin peninsula. Built in the early 17th century, the farmhouse was taken over half a century later by the flamboyant Maréchal de Bellefonds. But what drew Dorothea most of all was its loggia adorned with three imposing arches, its rustic kitchen, and its labyrinth of rooms with crumbling walls. Inspired by the dilapidated state of the place, she decided to leave everything as it was and to equip the farm with furniture, paintings and objects from the nearby château. Helped by a handful of faithful friends, she biked archaic kitchen utensils, a collection of ancestral portraits, period crockery and linen, and an authentic Louis XVI bed over to the farm. Only a few days after the move, the Comtesse was able to invite some of her closest friends to dinner at her "new home", a home which seems to exist in a time warp, steeped in romance.

A DROITE: *La cage d'escalier avec sa collection de portraits d'ancêtres.*

RIGHT: *the stairwell with its collection of ancestral portraits.*

RECHTS: *das Treppenhaus mit seiner Ahnengalerie.*

Entgegen ihres französisch klingenden Namens handelt es sich bei der Comtesse Dorothea de La Houssaye um eine waschechte Holländerin. Sucht man nach einer treffenden Beschreibung ihrer Person, so drängt sich unwillkürlich der Begriff »spritzig« auf … Vor einigen Jahren versetzte sie ihre Freunde in Erstaunen, als sie sich voller Begeisterung in die Restaurierung der Ferme de Bellefonds stürzte, dem alten, Anfang des 17. Jahrhunderts errichteten Gehöft, das in unmittelbarer Nachbarschaft des Château de L'Isle-Marie liegt. Dieses auf der Halbinsel Cotentin gelegene Anwesen befindet sich im Besitz der Familie ihres Mannes. Dorothea war vor allem fasziniert von der mit drei imposanten Bögen versehenen Loggia, der urwüchsigen Küche, die die Größe eines Ballsaales hat, und dem Labyrinth von Räumen, deren Wände bereits bröckelten. Genau dies fesselte die Schloßherrin so sehr, daß sie sich entschloß, nichts zu verändern, sondern den Gutshof mit Mobiliar, Gemälden und ausrangierten Objekten aus dem benachbarten Schloß einzurichten. Mit Hilfe von Freunden stattete Dorothea den Gutshof mit Porträts aus der Ahnengalerie, alten Küchenutensilien und Wäschestücken sowie einem Louis XVI-Bett »neu« aus. Und schon bald empfing die Comtesse Freunde zu einem Diner in ihrem neuen Zuhause, einer ganz eigenen Welt fernab des 20. Jahrhunderts, deren Atmosphäre in vergangene Zeiten entführt.

A GAUCHE: *Dorothea de La Houssaye dans un de ses rares moments de repos.*

LEFT: *Dorothea de La Houssaye in one of her rare moments of relaxation.*

LINKS: *Dorothea de La Houssaye während einer ihrer seltenen Mußestunden.*

Dans la salle de séjour, la comtesse a installé une grande table recouverte d'un vieux velours rouge, une étonnante chaise à porteurs et des livres, des gravures et des portraits d'époque.

The countess has furnished the living room with a large table covered with an old red velvet cloth, a fascinating sedan chair and books, prints and portraits from various periods.

Das Wohnzimmer hat die Comtesse mit einem großen Tisch, auf dem eine alte rote Samtdecke liegt, einer ungewöhnlichen Sänfte, Büchern und einigen alten Stichen und Porträts eingerichtet.

«La prairie s'allonge sous un bourrelet de collines basses pour se rattacher par derrière aux pâturages du pays de Bray, tandis que, du côté de l'est, la plaine montant doucement, va s'élargissant et étale à perte de vue ses blondes pièces de blé. L'eau qui court au bord de l'herbe sépare d'une raie blanche la couleur des prés et celle des sillons, et la campagne ainsi ressemble à un grand manteau déplié qui a un collet de velours vert, bordé d'un galon d'argent …»

"The meadows extend beneath a cluster of low hills and eventually join up with the pastures of Bray, while, on the eastern side, the plain, rising gently and widening as it goes, unfurls its fields of golden corn as far as the eye can see. The water that flows beside the grass marks out a crooked white seam between the colour of the meadow and that of the plough lands, and the landscape looks like a great spreading cloak with a collar of green velvet, edged in silver braid."

»Diese Prärie, die sich bis zu den Weideflächen der Landschaft Bray hinzieht, wird von einer ganz niedrigen Hügelkette begrenzt, während die Ebene gegen Osten allmählich ansteigt und sich im Unermeßlichen verliert. Soweit das Auge reicht, schweift es über meilenweite Kornfelder. Das Gewässer sondert wie mit einem langen weißen Strich das Grün der Wiesen von dem Blond der Äcker, und so liegt das ganze Land unten ausgebreitet da wie ein riesiger Mantel mit einem grünen, silbern gesäumten Samtkragen …«

GUSTAVE FLAUBERT
Madame Bovary

CI-DESSUS: *Dans l'office, des ustensiles de cuisine anciens et des paniers en osier tressé évoquent l'ambiance des cuisines romantiques d'antan.*

A DROITE: *La salle de bains a gardé sa cheminée d'époque. La baignoire en fonte émaillée – peinte façon «faux marbre» – a été dénichée à Paris.*

PAGE DE DROITE: *la vaste cuisine avec sa cheminée majestueuse, son mobilier et sa vaisselle d'époque.*

ABOVE: *Down the backstairs, antique pots, jugs and wicker baskets summon up the atmosphere of the romantic kitchens of long ago.*

RIGHT: *The bathroom retains its period fireplace. The cast-iron bath, enamelled and painted to produce a marbled effect, was unearthed in Paris.*

FACING PAGE: *the vast kitchen with its majestic fireplace and period crockery.*

OBEN: *Im Korridor wecken alte Gefäße und geflochtene Weidenkörbe Erinnerungen an frühere Zeiten.*

RECHTS: *Das Badezimmer hat seinen alten Kamin behalten. Die Emailbadewanne mit dem Marmoranstrich wurde in Paris aufgestöbert.*

RECHTE SEITE: *die geräumige Küche mit dem majestätischen Kamin, den rustikalen Möbeln und antikem Geschirr.*

Un MANOIR EN NORMANDIE

Guy Thodoroff

Le décorateur français Guy Thodoroff possède un talent exceptionnel qui lui permet de marier avec bonheur un mobilier d'époque
luxueux à des tissus opulents et de faire se côtoyer, souvent dange-
reusement, des objets rares et des tableaux de maîtres. Tout cela dans
un décor raffiné à l'extrême et sans causer la moindre indigestion
visuelle ... Dans les vastes pièces de son manoir en Normandie, sur
fond de murs lambrissés de boiseries sombres, tendus de soie damas-
sée ou de velours chatoyants, Thodoroff a préféré jouer Luchino
Visconti et Carlos de Beistegui en composant un décor romantique
avec des sièges d'époque, quelques tulipières en Delft de taille imposante et des collections de porcelaine, de faïence et d'objets de vertu.
Pourtant, ce qui étonne le plus dans le manoir, c'est la salle à manger: parmi les magnifiques assiettes et plats en Meissen 18e, trônent
des «trompe-l'œil» en faïence du 18e et du 19e siècle absolument
extraordinaires et des plats dressés de fruits et de légumes que nul ne
pourra jamais savourer. Car les asperges, les pommes, le citron cou-
pé, les champignons des bois et même le caviar sur les toasts sont
nés sous les doigts habiles de quelques céramistes de grand talent.
Chez Guy Thodoroff, esthète et glouton optique, le vrai plaisir c'est
toujours le plaisir visuel ...

CI-DESSUS: *Le jardin
est parsemé de statues,
d'urnes aux formes clas-
siques et de folies.*

ABOVE: *The garden is
scattered with statues,
classical urns, and
"follies".*

OBEN: *Der Garten ist
mit zahlreichen Statu-
en, klassizistischen
Urnen und Ziergebäu-
den geschmückt.*

The French interior decorator Guy Thodoroff possesses an exceptional talent which enables him stylishly to combine luxurious period furniture and sumptuous fabrics and complement them, often daringly, with rare objets d'art and fine paintings. All of this in a highly sophisticated setting and without engendering visual indigestion. In his manoir in Normandy with its huge rooms covered in dark panelling or hung with silk damask or shimmering velvet, there are shades of Luchino Visconti or the great connoisseur Carlos de Beistegui in the romantic décor he has created with period chairs, imposing Delft tulip vases and collections of porcelain, faience and "objets de vertu". Nevertheless, the most astounding feature of the manoir is the dining room. Among the 18th-century Meissen plates and dishes is an amazing assortment of 18th-and 19th-century "trompe l'œil" faience, and dishes loaded with fruit and vegetables that no one will ever have the pleasure of eating. The asparagus, apples, sliced lemon, wild mushrooms and even the caviar on toast were all fashioned by the nimble fingers of highly talented ceramic artists. For Guy Thodoroff the greatest pleasures are always those experienced through the eyes.

A DROITE: *Sur le perron du château, une rangée d'obélisques en treillage couvert de lierre montent la garde.*

RIGHT: *On the perron, ivy-covered, latticework obelisks stand guard.*

RECHTS: *Die Treppe bewachen berankte, als Obelisken gestaltete Spaliere.*

Der französische Innenarchitekt Guy Thodoroff verfügt über das seltene Talent, prachtvolle antike Möbel geschickt mit kostbaren Stoffen zu kombinieren und sie, häufig sehr gewagt, mit seltenen Objekten und Meisterwerken der Malerei zu arrangieren. Das gelingt ihm so perfekt, daß nicht ein einziges Detail das Auge des Betrachters stört. Die Wände in den großzügigen Räumen seines Manoir sind dunkel vertäfelt, mit Damastseide oder Samt bespannt. Der Hausherr hat sich von Luchino Visconti und dem großen Kunstkenner Carlos de Beistegui inspirieren lassen und umgibt sich mit einem romantischen Dekor aus antiken Sesseln, außergewöhnlich großen Delfter Tulpenvasen, Porzellan- und Steingutsammlungen sowie anderen Kostbarkeiten. Besonders eindrucksvoll ist der Speisesaal des Manoir: Zwischen den wunderbaren Meißner Tellern und Servierplatten aus dem 18. Jahrhundert thronen ungewöhnliche Trompe-l'œil-Keramiken aus dem 18. und 19. Jahrhundert. Kunstvoll sind die Platten mit Früchten und Gemüsen dekoriert, die allerdings nicht zum Verzehr geeignet sind, denn der so appetitlich wirkende Spargel wie auch die Äpfel, Zitronenscheiben, Waldpilze und sogar der Kaviar auf den Toasts wurden von hochtalentierten Keramikern geschaffen. Für den Ästhet Guy Thodoroff liegt wahrer Genuß vor allem im visuellen Erlebnis …

A GAUCHE: *Devant le château, Guy Thodoroff a fait planter des parterres en buis taillé.*

LEFT: *In front of the château, Guy Thodoroff has planted beds of sculpted box hedges.*

LINKS: *Vor dem Château hat Guy Thodoroff Buchsbaum gepflanzt.*

PAGE DE GAUCHE: *le grand salon au rez-de-chaussée, avec ses murs revêtus de soie «jaune tournesol». Le sol est en pierre de Bourgogne et, dans le fond, on aperçoit le petit salon bleu.*
A DROITE: *Dans un coin du salon, Thodoroff a créé une ambiance de «cabinet de collectionneur». La bibliothèque aux livres rares, les œufs d'autruche montés dans le plus pur goût Renaissance et la grande tulipière en Delft n'auraient point déplu à Carlos de Beistegui.*

FACING PAGE: *the walls of the large, ground-floor drawing room, covered with sunflower yellow silk. The floor is of Burgundy stone. In the background, we see the little blue room.*
RIGHT: *Thodoroff has created a "collector's corner" in the dining room. The bookcase stuffed with rare volumes, ostrich eggs mounted in lavish renaissance style and the large Delft tulip vase would have delighted Carlos de Beistegui.*

LINKE SEITE: *im Erdgeschoß der große Salon mit der sonnengelben Wandbespannung aus Seide. Der Boden ist mit Steinplatten aus Burgund belegt. Im Hintergrund der kleine, blaue Salon.*
RECHTS: *In einer Ecke des Salons hat Thodoroff sich ein »Privatkabinett« geschaffen. In der Bibliothek finden sich seltene Bücher, die montierten Straußeneier erinnern an die Renaissance, und die große Delfter Tulpenvase hätte sicher auch Carlos de Beistegui bewundert.*

PAGE DE GAUCHE: *dans une chambre d'amis. Un détail raffiné: la soie qui recouvre les murs se répète dans la portière qui protégeait jadis nos ancêtres des courants d'air.*
CI-DESSUS: *La tenture se marie à merveille avec un canapé garni d'une tapisserie au petit point, sous des coussins habillés de velours ancien. Sur la table une collection de hanaps fabriqués à partir de noix de coco sculptées et montées.*
A DROITE: *un exceptionnel lit en acajou, style «Retour d'Egypte».*

FACING PAGE: *in one of the guest rooms. An interesting detail: the silk wall covering is echoed in the portière, a necessity in the olden days to protect our forebears from draughts.*
ABOVE: *The wall covering is the perfect match for the sofa decorated with "petit point" and piled with cushions covered with antique velvet. On the table is a collection of opulently-mounted coconut artefacts.*
RIGHT: *a spectacular mahogany bed in the Egyptian influenced Empire style.*

LINKE SEITE: *ein Gästezimmer. Ein raffiniertes Detail: Der Seidenstoff, mit dem die Wände bespannt sind, wurde auch für den Türvorhang verwendet, der vor Zugluft schützt.*
OBEN: *Der Wandteppich harmoniert perfekt mit dem Petit-Point-Bezug des Canapés. Am liebsten möchte man in den zahlreichen Veloursamtkissen versinken. Auf dem Tisch stehen Kokosnußpokale.*
RECHTS: *ein ungewöhnliches Mahagoni-Bett im ägyptisierenden Stil des Empire.*

A GAUCHE: *Le grand buffet de la salle à manger abrite, entre autres, quelques grandes assiettes en porcelaine de Meissen 18e, une paire de cache-pots en Delft et une très rare poissonnière en porcelaine de Meissen.*

PAGE DE DROITE: *Guy Thodoroff met l'eau à la bouche de ses invités en leur servant des «trompe-l'œil» de fruits et de légumes datant des 18e, 19e et 20e siècles!*

LEFT: *Inside the huge sideboard in the dining room are some large 18th-century Meissen plates, a pair of Delft cachepôts and an extremely rare Meissen dish with a lid, shaped like a fish.*

FACING PAGE: *Guy Thodoroff tantalises his guests by serving them "trompe l'œil" fruit and vegetables dating from the 18th, 19th and 20th centuries.*

LINKS: *Die große Anrichte im Speisezimmer beherbergt unter anderem einige große Meißner Porzellanteller aus dem 18. Jahrhundert, Delfter Übertöpfe und eine sehr seltene Deckelschale in Fischform aus Meißner Porzellan.*

RECHTE SEITE: *Die aus Porzellan gefertigten Obst- und Gemüsekreationen aus dem 18., 19. und 20. Jahrhundert lassen den Gästen das Wasser im Mund zusammenlaufen.*

«Le Banquet Inconsommable»: sur la table s'amassent des «trompe-l'œil» en porcelaine et en faïence. La terrine en faïence, à qui on a donné la forme d'une tête de sanglier, est de la main de Paul Anton Hannong (1700–1760), un grand céramiste strasbourgeois.

"The Inedible Banquet": the table groans with "trompe l'œil" delicacies made of porcelain and faience. The faience terrine in the shape of a boar's head is by Paul Anton Hannong (1700–1760), a famous ceramicist from Strasburg.

Das aufgetischte Bankett ist nicht zum Verzehr geeignet, denn es besteht aus Porzellan- und Keramik-Trompel'œils. Die Schüssel in Form eines Wildschweinkopfes stammt von Paul Anton Hannong (1700–1760), einem berühmten Straßburger Keramikmeister.

UN CHÂTEAU EN PICARDIE
Anna et Gunther Lambert

Beaucoup d'entre nous couvent le rêve secret de posséder – un jour – un manoir ou un château en France, et le créateur allemand Gunther Lambert et sa femme Anna ne font pas exception. Les Lambert, précisons-le, ont un «nez» exceptionnel pour dénicher ce qui est beau et ce qui est rare. Et comme ils sont généreux et aiment passer la beauté aux autres, comme on se passe un bon plat ou un morceau de gâteau, ils distribuent dans le monde entier «leurs» meubles, «leur» verrerie et «leurs» objets décoratifs. Ancienne actrice et vraie «bête de théâtre», Anna Lambert adore mettre en scène les «trouvailles» de son mari, et voilà que leur merveilleux château du 18ᵉ siècle en Picardie lui fournit l'occasion de montrer ses talents de décoratrice. Aujourd'hui, ce qui surprend le visiteur, c'est la façon dont la maîtresse de maison a réussi à combiner un décor d'époque très Ancien Régime avec un mobilier résolument contemporain, tout en ajoutant des objets ethniques et des tissus d'Extrême-Orient et de l'Inde. Et dans la cuisine, des meubles en rotin et des buffets regorgeant de faïences aux couleurs vives trahissent la passion des habitants pour une vie campagnarde ou règne le «dolce far niente», les plaisirs de la table et, surtout, le souci de partager les douceurs de la vie dans ce romantique château Directoire avec la famille et les bons amis …

Many of us cherish a secret dream of one day owning a manor house or château in France. German designer Gunther Lambert and his wife Anna had similar aspirations. The Lamberts do have an exceptional "nose" for digging up unusual and beautiful things. In their desire to share their passion with others, they have designed and distributed throughout the world furniture, glassware and other objects. Anna Lambert, a former actress, never ceases to say how much she adores setting the scene for her husband's "finds". Now their magnificent 18th-century château in Picardie has provided her with the ideal opportunity to exploit her skills as a designer. Today, what most surprises visitors is the way in which the mistress of the house has successfully combined the distinctly "Ancien Régime" décor with decidedly modern furniture and some objects and fabrics from India and the Far East. In the kitchen, rattan furniture and sideboards loaded with brightly-coloured china reflect the occupants' enthusiasm for country life, the "dolce far niente", the pleasures of the table and – above all – for fulfilling their desire to share with family and close friends this wonderful life in their romantic Directoire château …

Viele von uns träumen insgeheim davon, eines Tages einen Landsitz oder ein Schloß in Frankreich zu besitzen. Genauso ging es dem deutschen Designer Gunther Lambert und seiner Frau Anna. Die Lamberts haben ein Händchen dafür, schöne und ausgefallene Objekte aufzustöbern. Und da sie großzügige Menschen sind, die schöne Dinge oder ein gutes Essen gerne mit anderen teilen, vertreiben sie »ihre« Möbel, »ihre« Glaswaren und »ihre« Dekorationsartikel in der ganzen Welt. Die ehemalige Schauspielerin Anna Lambert hat das Theater im Blut und liebt es, die »Schatzfunde« ihres Mannes in Szene zu setzen. Das märchenhafte Château aus dem 18. Jahrhundert in der Picardie bot ihr Gelegenheit, ihr Talent als Dekorateurin unter Beweis zu stellen. Was den heutigen Besucher verblüfft, ist die Art und Weise, in der es der Schloßherrin gelang, das Mobiliar aus der Zeit des Ancien Régime mit modernen Objekten sowie Stoffen aus Fernost und Indien zu kombinieren. Darüber hinaus zeugen die Rattanmöbel und das farbenfrohe Keramikgeschirr in der Küche von der Vorliebe der Bewohner für das Landleben, das »dolce far niente« und für ausgedehnte Mahlzeiten. Vor allem aber verraten sie den Wunsch, die angenehmen Seiten des Lebens in diesem romantischen Château im Kreis der Familie und mit guten Freunden zu genießen …

A GAUCHE: *Le château d'époque Directoire a séduit les Lambert par l'élégance de son architecture typiquement française.*

LEFT: *The Lamberts were captivated by the Directoire château's elegant, typically French architecture.*

LINKS: *Die typisch französische Architektur und Eleganz des klassizistischen Château hat die Lamberts auf Anhieb begeistert.*

Dans le grand salon-
séjour, des boiseries vert
pâle – rajoutées par les
propriétaires – servent
de décor à un mobilier
hétéroclite, conjuguant
l'ancien et le contempo-
rain, et à une collection
de masques et de
meubles africains.

In the large living room,
pale green panelling –
added by the owners –
provides the setting for a
variety of pieces both
ancient and modern,
and a collection of
African masks and fur-
niture.

Im geräumigen Wohn-
zimmer dient die hell-
grüne Vertäfelung der
Wand – nachträglich
von den Schloßbesitzern
angebracht – als deko-
rativer Hintergrund für
antike und moderne
Möbel sowie für eine
Sammlung afrikani-
scher Masken und
Möbelstücke.

LES SOURCES

Anne-Marie et Christophe Reynal

Île-de-France

La maison d'Anne-Marie et Christophe Reynal, à peine cachée derrière une grille et un bout de mur, tient à la fois du chalet Napoléon III et d'une demeure cossue et bourgeoise de la Belle Epoque. Mais ce qui lui donne un aspect particulièrement féerique c'est la présence d'une pergola envahie par la glycine, d'une multitude d'ornements en terre cuite qui entourent les fenêtres, d'un château d'eau aux allures de forteresse médiévale et d'un ensemble de petites maisons, de granges et autres bâtiments rustiques qui donnent l'impression que Les Sources est plutôt un village qu'une vieille maison de campagne. Celle qui grandit dans la maison – sa maison – et qui s'occupe affectueusement du «clan» de ses enfants, de ses petits enfants et de son gendre, s'appelle Simone del Bozo – «Marraine» pour ses proches et ses amis – et à 80 ans bien sonnés la grand-mère de la famille Reynal continue de gérer son ménage et de protéger cet intérieur merveilleusement vieillot où rien n'a changé depuis que sa mère acquit cette belle propriété campagnarde à Fontenay-Saint-Père au début du 20ᵉ siècle. Anne-Marie et Christophe restaurent et vendent des cadres anciens. C'est leur passion. Alors quoi de mieux pour un couple épris de beauté que de partager la vie quotidienne de ses proches dans une grande maison de famille?

A GAUCHE: *D'innombrables vieux pots en terre cuite sont empilés sous le toit d'un lavoir désaffecté.*
CI-DESSUS: *Anne-Marie et Christophe Reynal dans leur atelier de restauration.*

LEFT: *piles of terracotta pots in the loft of a disused wash house.*
ABOVE: *Anne-Marie and Christophe Reynal in their restoration studio.*

LINKS: *Unzählige alte Blumentöpfe stapeln sich unter dem Dach eines ehemaligen Waschhauses.*
OBEN: *Anne-Marie und Christophe Reynal in ihrer Werkstatt.*

A DROITE: *L'allée qui mène de la maison au verger et au bois adjacent aurait pu inspirer les impressionnistes.*

RIGHT: *The avenue leading to the orchard and the adjoining wood might have inspired Impressionist painters.*

RECHTS: *Die vom Haus aus in den Obstgarten und den angrenzenden Wald führende Allee wäre ein gutes Motiv für die Maler des Impressionismus gewesen.*

The house of Anne-Marie and Christophe Reynal, barely hidden by an iron gate and a section of wall, is a cross between a Napoleon III country house and the home of a well-to-do family of the Belle Epoque. But what gives it a fairy-tale feel is the wisteria-covered pergola and the plethora of terracotta ornaments surrounding the windows. At the same time, a water tower resembling a medieval fortress and a collection of small houses, barns and other rustic buildings make Les Sources seem more like a village than an old country domicile. Simone del Bozo, affectionately known to family and friends as "Marraine" – Godmother – grew up in the house. Now in her eighties, the grandmother of the Reynal family continues to lavish affection on her "clan" of children and grandchildren. She also manages the household and protects the gloriously old-fashioned interior of this lovely property in Fontenay-Saint-Père, where nothing has changed since her mother acquired it at the turn of the century. Anne-Marie and Christophe's job – and their passion – is restoring old picture frames. What could be more suitable for two passionate aesthetes than to share family life in a large and welcoming house?

Das romantische Haus von Anne-Marie und Christophe Reynal liegt ein wenig hinter einer Mauer verborgen. Es wirkt wie eine Mischung aus einem Chalet im Stil des Second Empire und einem Herrschaftssitz der Belle Epoque. Zu dem märchenhaften Bild tragen vor allem die glyzinienumrankte Laube und die von Terrakottaornamenten gerahmten Fenster bei. Weitere pittoreske Gebäude – das einer mittelalterlichen Burg gleichende Wasserschloß sowie einige kleine Häuser und Scheunen – lassen den Eindruck entstehen, es handele sich bei Les Sources eher um ein Dorf als um einen alten Landsitz. Simone del Bozo, die in diesem – ihrem – Haus aufwuchs und sich hingebungsvoll um die Kinder, Enkel und den Rest der Sippe kümmert, wird von den Menschen, die ihr nahestehen, auch liebevoll »Marraine« (die Patin) genannt. Obwohl über 80 Jahre alt, führt die Großmutter der Familie Reynal ihren Haushalt noch selbst. Sie pflegt die gut erhaltene alte Einrichtung, an der sich nichts verändert hat, seitdem ihre Mutter diesen herrlichen ländlichen Besitz in Fontenay-Saint-Père Anfang des 20. Jahrhunderts erwarb. Christophe und Anne-Marie restaurieren alte Bilderrahmen und verkaufen sie. Das ist ihre Leidenschaft. Was könnte besser sein für ein Paar, das Freude an schönen Dingen hat, als den Alltag mit seinen Angehörigen auf einem großen Familienbesitz zu verbringen?

PAGE DE GAUCHE:
Sur fond de papier peint décoré de fleurs et d'oiseaux, quelqu'un – il y a bien longtemps – accrocha le portrait d'une jeune femme …
A DROITE: *la chambre à coucher «d'apparat»: mobilier de style Louis XVI-Ritz et une multitude de portraits de famille. La poétesse Anna de Noailles n'aurait pas désavoué l'ambiance accueillante de cette chambre claire, totalement 1900.*

FACING PAGE: *Many moons ago, someone hung the portrait of a young woman against this wallpaper covered with flowers and birds …*
RIGHT: *The bedroom reserved for honoured guests is furnished in "Louis XVI" style, and adorned with a whole host of family portraits. The poetess Anna de Noailles would not have disapproved of the room's welcoming "Nineteen Hundreds" atmosphere.*

LINKE SEITE: *Auf die mit Blumen und Vögeln geschmückte Tapete hat vor langer Zeit jemand das Porträt einer jungen Frau gehängt …*
RECHTS: *die Schlafzimmer-Kombination, im Louis XVI-Stil mit zahlreichen Familienporträts. Die Dichterin Anna de Noailles hätte sich in diesem hellen Zimmer aus der Jahrhundertwende sicher wohl gefühlt.*

CI-DESSUS: *Qui ne pourrait passer des heures sur ce canapé aux faux airs Louis XVI, dans cette pièce tapissée de rayures pâles, où le temps semble avoir suspendu son vol.*

A DROITE: *la salle de bains avec ses accessoires «début de siècle».*

PAGE DE DROITE: *Dans la chambre de Marraine, le lit Directoire, le crucifix et l'édredon douillet évoquent le décor sobre et dépouillé des maisons de campagne, telles qu'on les découvre dans les romans de mœurs de Guy de Maupassant.*

ABOVE: *It would be tempting to while away the hours relaxing on the imitation Louis XVI sofa in this room with its pale, striped walls, where time seems to have stood still.*

RIGHT: *the bathroom with its turn-of-the-century accessories.*

FACING PAGE: *In Marraine's bedroom, the Directoire bed, the traditional rustic wardrobe, the crucifix and the eiderdown recall the sober and modest décor of the country houses described in Guy de Maupassant's "romans de moeurs".*

OBEN: *Die Zeit scheint in diesem Zimmer mit zartgestreifter Tapete stillzustehen. Auf dem im Louis XVI-Stil gearbeiteten Canapé könnte man ganze Tage verbringen.*

RECHTS: *das Badezimmer mit der für die Jahrhundertwende typischen Ausstattung.*

RECHTE SEITE: *Im Zimmer von Marraine, mit dem Directoire-Bett, dem Kruzifix und der Daunendecke fühlt man sich an die karge Einrichtung der Landhäuser erinnert, wie sie Guy de Maupassant beschrieb.*

$\mathcal{L}$A MAISON DU PÈRE MOISI
Marianne et Franck Evennou

Île-de-France

Peut-on se lasser de Paris? Apparemment oui, vu que le créateur Franck Evennou, sa femme Marianne et leurs fils Robin et Duncan n'avaient qu'un seul désir: fuir la ville, la foule et l'air pollué pour retrouver la campagne, le calme et l'air pur! Suivant les conseils de leur guide des lieux historiques, le Guide Vert, ils aboutirent finalement à Senlis, rare perle du Nord, protégée à jamais de la mutilation par feu André Malraux. Ils trouvèrent ici une minuscule maison du 15e siècle, située à deux pas des vieux remparts qui encerclent la ville. Habitée jadis par un prêtre, le «Père Moisi», la demeure se révéla aussi détériorée que le nom de son ancien habitant le suggérait, mais les Evennou se mirent courageusement à la tâche et entamèrent la longue et pénible restauration de leur nouveau logis. Et voilà une maison à faire rêver le citadin stressé. Il suffit de regarder la cuisine avec sa grande table rustique et ses rangements cachés derrière des rideaux cramoisis et d'observer Franck et sa famille vivre au jour le jour dans cet antre rempli de meubles et d'objets exceptionnels en bronze créés par le maître de maison pour réaliser qu'il fait bon vivre ici. Décidément, pour les Evennou, Senlis rime avec bonheur …

A GAUCHE: *Xavier Dohr a créé la passementerie en corde.*
CI-DESSUS: *Les murs et les volets ont gardé leur vieille peinture écaillée.*

LEFT: *Xavier Dohr designed the braid curtain tiebacks.*
ABOVE: *The walls and shutters have retained their old, flaking paint.*

LINKS: *Die Quaste hat Xavier Dohr entworfen.*
OBEN: *Die abblättern-de Farbe an Wänden und Fensterläden wurde so belassen.*

How can anyone want to abandon a city like Paris? Designer Franck Evennou, his wife Marianne, and their sons Robin and Duncan had only one desire: to flee the capital with its crowds and pollution and return to the calm, clean air of the country-side. Taking their cue from a well-known guide book, they finally found their way to Senlis in Northern France. Here they found a tiny 15th-century house, once the home of a priest with the evocative name of "Père Moisi" – Father Mildew – and the place turned out to be every bit as decrepit as its former occupant. The Evennous bravely set about the long and laborious task of restoring their new home. It is the kind of place every city-dweller dreams of. You only have to see the kitchen with its great rustic table and storage spaces behind crimson curtains, or observe Franck and his family going about their daily lives in this magical cave, filled with exceptional furniture and extraordinary bronze objects of Franck's own creation, to realise that this is a great place to live. For the Evennous, Senlis is the perfect place to be …

A DROITE: *Un pan de mur peint en deux tons par Marianne Evennou s'harmonise avec une porte en bois.*

RIGHT: *A section of wall painted in two shades by Marianne Evennou harmonises with a wooden door.*

RECHTS: *Das von Marianne Evennou zweifarbig lackierte Mauerstück paßt farb-lich zur Holztür.*

Kann man von Paris jemals genug haben? Offensichtlich ja, denn der Designer Franck Evennou, seine Frau Marianne und ihre Söhne Robin und Duncan hatten nur ein einziges Ziel: dem Gedränge und dem Schmutz der Stadt den Rücken zu kehren, um auf dem Land zur Ruhe zu kommen und saubere Luft zu atmen! Durch einen Reiseführer stießen sie schließlich auf das Städtchen Senlis, eines der wenigen Schmuckstücke im Norden von Paris. Hier entdeckten sie ein niedliches Häus-chen aus dem 15. Jahrhundert, nur wenige Schritte von der alten Stadtmauer entfernt. Einst gehörte es einem »Père Moisi« – Pater Schimmel – genannten Priester, und es war genauso heruntergekommen, wie der Name vermuten ließ. Aber die Evennous machten sich unverdrossen an die Arbeit und nah-men die langwierige Renovierung ihres neuen Zuhauses in Angriff. Das Ergebnis aller Mühen ist ein Haus, wie es sich ein gestreßter Großstädter erträumt! Das zeigt schon ein Blick in die Küche mit dem rustikalen Eßtisch und den mit roten Vor-hängen versehenen Unterschränken. Und es genügt, Franck und seine Familie in dieser gemütlichen Ecke mit den vom ihm selbst entworfenen Bronzeobjekten zu beobachten, um festzustellen, daß es sich hier gut leben läßt. Kein Zweifel, die Evennous fühlen sich wohl in Senlis …

A GAUCHE: *La sculp-ture ornementale qui couronne la porte d'en-trée de la maison date du 17e siècle.*

LEFT: *The ornamental carving above the front door dates from the 17th century.*

LINKS: *Die Türbekrö-nung stammt aus dem 17. Jahrhundert.*

PAGE DE GAUCHE:
Franck Evennou a couvert les murs de stuc florentin et badigeonné les poutres à la chaux. L'entrée-séjour sert de coin-conversation et … de rangement pour la bicyclette!

FACING PAGE: *Franck Evennou covered the walls with Florentine stucco and whitewashed the beams. The hall-cum-living room provides a cosy place to chat … and a parking place for bikes!*

LINKE SEITE: *Franck Evennou hat die Wände mit Florentiner Stucco behandelt und die Deckenbalken mit Kalk getüncht. Der Eingangsflur dient als Eckchen zum Plaudern und als Abstellplatz für das Fahrrad!*

CI-DESSUS: *Le maître de maison a dessiné le grand lustre en bronze, le miroir, la chaise longue, les appliques, les poufs et la lampe qu'on aperçoit dans le séjour. La belle cheminée d'époque Louis XVI a été découverte derrière une cloison.*

ABOVE: *The great bronze chandelier is Franck Evennou's own creation, as are the mirror, chaise-longue, wall lamps, pouffes, and the table lamp in the living room. The Louis XVI fireplace was discovered behind a partition wall.*

OBEN: *Der Bronzelüster, der Spiegel, die Chaiselongue, die Wandleuchten, die gepolsterten Hocker und die Tischlampe im Wohnraum wurden vom Hausherrn entworfen. Der Louis XVI-Kamin lag früher hinter einer Wand verborgen.*

Pour dissimuler le
chauffe-eau, Franck
Evennou a imaginé un
meuble «cache-misère»
en zinc qui ressemble à
une étrange citerne. Les
rangements en brique
s'ornent de rideaux cra-
moisis et, autour de la
table rustique, Marian-
ne a rangé des chaises en
bronze signées Evennou.

To disguise the water
heater, Franck Evennou
devised a rather unusu-
al zinc tank. The brick
storage units are embell-
ished by crimson cur-
tains. Around the rustic
table, Marianne has
placed an old chair
alongside some bronze
chairs bearing the Even-
nou signature.

Um den Wasserboiler zu
kaschieren, hat sich
Franck Evennou eine
Abdeckung in Form
einer Zisterne ausge-
dacht. Statt Unter-
schränken: gemauerte
Fächer mit karmesin-
roten Vorhängen. Um
den Bauerntisch herum
hat Marianne Bronze-
stühle, Marke »Even-
nou«, plaziert.

PAGE DE DROITE:
Les lettres peintes au pochoir qui ornent les caisses anciennes que les Evennou trouvèrent au grenier, ont été copiées sur les armoires de cuisine pour indiquer leur contenu. Le rangement en briques a été dessiné par Franck.

FACING PAGE: *The stencilled lettering indicating the contents of the kitchen cabinets was copied from ancient packing crates discovered by the Evennous in the attic. Franck designed the brick storage units himself.*

RECHTE SEITE: *Die Buchstaben alter, auf dem Speicher gefundener Kisten dienten den Evennous als Muster für die Beschriftung der Oberschränke. Die gemauerten Fächer entwarf Franck.*

«Ah! Le merveilleux d'une maison n'est point qu'elle vous abrite ou vous réchauffe, ni qu'on possède les murs. Mais bien qu'elle ait lentement déposé en nous ces provisions de douceur. Qu'elle forme, dans le fond du cœur, ce massif obscur dont naissent, comme des eaux de source, les songes …»

"Ah! The wonderful thing about a house is not that it provides us with warmth and shelter, but that it slowly builds within us a reserve of contentment, shaping, deep in the heart, the immense darkness from which dreams emerge, like water from a spring …"

»Ah! Das Wunderbare eines Hauses ergibt sich weniger aus dem Schutz oder der Wärme, die es uns bietet. Auch nicht aus dem Umstand, das Haus selbst zu besitzen. Es ist vielmehr die Flut von Zärtlichkeit, die es nach und nach in uns freisetzt. Die sich in der Tiefe unseres Herzens formt und sich allmählich den Weg bahnt und endlich wie Quellwasser an die Oberfläche dringt …«

ANTOINE DE SAINT-EXUPÉRY
Terre des Hommes · Wind, Sand and Stars · Wind, Sand und Sterne

A GAUCHE: *L'escalier en colimaçon a été décoré en deux tons par Marianne. L'effet obtenu crée l'illusion d'un lambris.*

LEFT: *Marianne has painted the spiral staircase in two shades to produce a panelled effect.*

LINKS: *Die Wendeltreppe wurde von Marianne zweifarbig gestrichen. So entsteht der Eindruck, die Wand sei vertäfelt.*

A DROITE: *Sur le palier qui mène à la chambre à coucher, le sol, les murs et la porte sont le décor parfait pour une applique et un inquiétant crapaud en bronze créés par Franck.*
PAGE DE DROITE: *la chambre à coucher.*

RIGHT: *On the landing leading to the bedroom, the floor, walls and door provide the perfect setting for a wall lamp and a rather disturbing, toad-like stool created by Franck.*
FACING PAGE: *view of the bedroom.*

RECHTS: *Auf dem Treppenabsatz, der zum Schlafzimmer führt, wurden Boden, Wand und Tür so gestrichen, daß sie zur Wandlampe und zum »Krötenhocker« passen, den Franck entworfen hat.*
RECHTE SEITE: *das Schlafzimmer.*

PAGE DE GAUCHE ET
CI-DESSUS: *Sous le
toit, Robin et Duncan
se sont installés dans une
chambre à coucher-
annexe-salle de jeux
qu'ils appellent leur
«château fort».*
A DROITE: *Les Even-
nou n'ont pas peur de la
couleur! Dans la salle de
bains, la baignoire
encastrée et décorée de
mosaïques est dissimulée
derrière des rideaux
orange. L'applique en
plâtre est signée
«Evennou».*

FACING PAGE AND
ABOVE: *Under the
roof, Robin and Dun-
can have made them-
selves at home in the
bedroom-cum-play-
room, which they call
their "stronghold".*
RIGHT: *The Evennous
are not afraid to use
colour! In the bathroom,
the built-in bath deco-
rated with mosaics is
hidden behind orange
curtains. The plaster
wall lamp is another
Evennou creation.*

LINKE SEITE UND
OBEN: *Unter dem
Dach befindet sich die
»Burg« von Robin und
Duncan, die gleichzei-
tig Spiel- und Schlaf-
zimmer ist.*
RECHTS: *Die Even-
nous kennen keine
Angst vor Farben! Im
Badezimmer wurde die
Wanne mit Mosaiken
verziert und hinter
orangen Vorhängen ver-
borgen. Die Wandlampe
aus Gips ist eine Eigen-
kreation der Evennous.*

LE CHÂTEAU D'HÉRIVAUX

Didier Rabes

Île-de-France

Didier Rabes est un magicien, un illusionniste de la décoration. Devant les yeux étonnés de ses clients se matérialisent un relais de chasse 18e siècle, un château inspiré par Sans-Souci ou un pavillon dans le plus pur style néoclassique … La devise de Rabes, «Mieux vaut une belle copie qu'un vilain original», a tout pour inquiéter ses collègues antiquaires et décorateurs. Et pour prouver qu'il a bien raison, Didier s'est emparé d'une partie du Château d'Hérivaux, une belle bâtisse 18e du côté de Chantilly, tout à fait authentique, et qui abrita jadis les amours tumultueuses de l'écrivain Benjamin Constant et sa célèbre maîtresse Madame de Staël. En l'espace de quelques mois les salons s'ornèrent de «lambris» somptueux et se remplirent de meubles et de tableaux «anciens». Et si le visiteur non averti n'y voit que du feu, ceux qui sont au courant du penchant de Didier pour le «trompe l'œil» en tout genre et pour le jeu du «vrai» et du «faux» subiront un frisson supplémentaire. Décor d'opéra? De film historique? Illusion fabriquée de carton-pâte, de papier mâché ou même de résine? Peu importe. Ici le vrai «Quinze» côtoie son double douteux, et il se peut que les lits à la polonaise n'aient jamais connu les soupirs des marquises du 18e siècle … Didier Rabes agite sa baguette magique, nous jette de la poudre aux yeux et nous enchante …

Didier Rabes is a magician, a creator of decorative illusions. His clients look on in amazement as he conjures up an 18th-century hunting lodge, a château inspired by Sanssouci or a summer house in the purest neoclassical style … Rabes' principle: "Better a beautiful copy than an ugly original" – is enough to make his antiquarian and decorator colleagues very worried indeed. To prove his point, he purchased part of the Château d'Hérivaux, a beautiful, completely authentic, 18th-century building near Chantilly. Not just any château, this was once the scene of the tumultuous love affair between the writer Benjamin Constant and his famous mistress Madame de Staël. Within the space of a few months, the rooms were adorned with sumptuous "panelling" and filled with "period" furniture. The unwary visitor may imagine that they are ancient, but for those familiar with Didier's penchant for all kinds of deception, the play between "false" and "true" adds an extra touch of excitement. Is this a scene from an opera, or the set of a historical film? No matter that it is just an illusion made of pasteboard, papier-mâché or even resin; here, genuine Louis XV coexists with copies of dubious origin, and the four-poster beds may never have witnessed the sighs of 18th-century noblewomen … Didier Rabes waves his magic wand, throws magic dust in our eyes and leaves us spellbound …

A DROITE: *A Hérivaux, le classicisme français – statuaire, pièce d'eau et buis taillés – s'harmonise parfaitement avec le parc à l'anglaise dans le goût de Capability Brown.*

RIGHT: *At Hérivaux, French classicism – statuary, ornamental lake and sculpted box hedges – harmonises perfectly with the landscaped park in the style of Capability Brown.*

OBEN: *Auf Hérivaux harmonieren Elemente des französischen Klassizismus, wie Statuen, Teich und beschnittener Buchsbaum, perfekt mit dem englischen, im Stil von Capability Brown gehaltenen Garten.*

Didier Rabes kann zaubern, er ist der Meister der Illusion unter den Dekorateuren. Vor den verblüfften Augen seiner Kunden läßt er eine Jagdhütte aus dem 18. Jahrhundert, ein Schloß à la Sanssouci oder einen neoklassizistischen Pavillon entstehen … Seine Devise beunruhigt Antiquitätenhändler und Dekorateure: »Lieber eine gute Kopie als ein scheußliches Original.« Um zu beweisen, daß er mit dieser Maxime richtig liegt, kaufte Didier einen Teil des Château d'Hérivaux. Das ansehnliche Gebäude aus dem 18. Jahrhundert in der Nähe von Chantilly war einst Zeuge der stürmischen Liebesaffäre zwischen dem Schriftsteller Benjamin Constant und Madame de Staël. Dank prunkvoller »alter« Möbel und Gemälde erwachte binnen weniger Monate das Château zu neuem Leben. Während uneingeweihte Besucher überall nur Glanz wahrnehmen, verursacht das Wissen um Didiers Hang zum Trompe l'œil, sein ständiges Spiel mit »echt« und »falsch« bei Kennern Gänsehaut. Bühnenbild? Filmkulisse? Besteht dieses schöne Stück aus Karton, Pappmaché oder Kunstharz? Im Grunde ist das unwichtig. Hier finden sich echte Louis XV-Stücke in trauter Zweisamkeit mit ihren mißtrauisch beäugten Repliken. Denkbar, daß in den Himmelbetten niemals eine Marquise aus dem 18. Jahrhundert geseufzt hat … Didier Rabes schwingt seinen Zauberstab, er streut uns Sand in die Augen und verzaubert uns …

A GAUCHE: *Un hémicycle de bustes représentant des empereurs romains adossés à la haie qui encercle le théâtre de verdure.*

LEFT: *a semicircle of busts representing Roman emperors with their backs to the hedge surrounding the open-air theatre.*

LINKS: *Im Halbkreis angeordnete Büsten römischer Herrscher stehen an der Hecke, die das Freilichttheater umrahmt.*

CI-DESSUS: «*Louis XV chassant le cerf dans la forêt de Saint-Germain», une peinture de Jean-Baptiste Oudry (1730), Musée des Augustins, Toulouse.*

ABOVE: *"Louis XV Hunting the Stag in the Forest of Saint-Germain", a painting by Jean-Baptiste Oudry (1730) in the Musée des Augustins, Toulouse.*

OBEN: *Das Gemälde »Ludwig XV bei der Hirschjagd im Wald von Saint-Germain«, von Jean-Baptiste Oudry (1730) befindet sich heute im Musée des Augustins in Toulouse.*

PAGE DE DROITE: *l'entrée. Les massacres et les têtes de cerf empaillées trouvés dans une salle de ventes de la région se sont tous avérés (coïncidence?) originaires de la forêt de Chantilly! Les costumes de palefreniers proviennent d'une vente de costumes de théâtre. Les fauteuils 17e sont revêtus de tapisseries.*

FACING PAGE: *the entrance hall. The antlers and stuffed stags' heads were found in a local auction room. Coincidentally perhaps, they all turned out to be* from the Chantilly forest! The grooms' liveries came from a sale of theatrical costumes. The 17th-century armchairs are covered with tapestry.

RECHTE SEITE: *der Eingangsflur. Die ausgestopften Hirschköpfe und die übrigen Jagdtrophäen, aufgestöbert in einem örtlichen Geschäft, stammen alle aus dem Wald von Chantilly! Die Kostüme der Reitknechte kommen aus einem Theaterfundus. Die Sessel aus dem 17. Jahrhundert erhielten einen neuen Bezug.*

CI-DESSUS: *La Grande Galerie a une allure indéniablement royale. Les «boiseries» sont en stuc peint et doré et les tapis «Empire» ont été tissés récemment en Chine.*

ABOVE: *The long corridor has a distinctly regal feel. The "wood panelling" is of painted and gilded plaster, and the "Empire" carpets were only recently woven in China.*

OBEN: *Dem großen Korridor ist zweifellos ein königliches Flair eigen. Die »Holzvertäfelungen« bestehen aus vergoldetem Stuck, während die »Empire«-Teppiche erst kürzlich in China gewebt wurden.*

PAGE DE DROITE: *un coin de la salle à manger. La console dans le goût italien du 18e siècle est une magnifique copie. En revanche, les tableaux 18e siècle sont authentiques, mais on soupçonne que Monsieur Rabes n'a pas su résister à la tentation de les «maquiller» …*

FACING PAGE: *a corner of the dining room. The console table in 18th-century Italian style is a superb copy. The 18th-century paintings are genuine but one* suspects that Monsieur Rabes could not resist a little retouching.

RECHTE SEITE: *eine Ecke des Eßzimmers. Die Konsole im italienischen Stil des 18. Jahrhunderts ist eine hervorragende Kopie. Zum »Ausgleich« wurden Originalgemälde aus dem 18. Jahrhundert ausgewählt, aber es geht das Gerücht um, Monsieur Rabes hätte der Versuchung nicht widerstehen können, die Bilder zu »ergänzen«…*

A GAUCHE: *Sur un fond de boiseries et de panneaux peints, Rabes a placé sa version très personnelle d'un lit à baldaquin 18e. Et si le buste en terre cuite et le socle en faux marbre sont du 18e siècle, les rideaux et les draps «Rose Pompadour» sont décidément contemporains.*

LEFT: *Against a background of wood panelling, Rabes has set his highly personal version of an 18th-century four-poster bed. The terracotta bust with its imitation marble pedestal is 18th-century, but the fabric of the canopy and the "Rose Pompadour" draperies are definitely contemporary.*

LINKS: *Vor der vertäfelten und bemalten Wand steht Didier Rabes' individuelle Version eines Himmelbettes aus dem 18. Jahrhundert. Sollten die Terrakottabüsten und der Sockel aus falschem Marmor tatsächlich aus dem 18. Jahrhundert stammen, so sind doch der Stoff für den Baldachin und die Bettwäsche »Rose Pompadour« zweifellos modern.*

RIGHT: *For the master bedroom, Annick and Didier Rabes decided on a tone-on-tone colour scheme. The Louis XVI-style "panelling" is stucco.*
FACING PAGE: *The little escritoire with its toilet requisites and mirror completes the "18th-century" mood of the guest room.*

RECHTS: *Das Schlafzimmer der Hausherrin Annick haben die Rabes' Ton in Ton eingerichtet. Die »Vertäfelungen« im Louis XVI-Stil sind aus Gips!*
RECHTE SEITE: *Im Gästezimmer fügt sich ein zierlicher, sogenannter »Bonheur-du-Jour«-Schreibtisch mit Fächern für Toilettenartikel und Spiegel harmonisch in die Atmosphäre des 18. Jahrhunderts ein.*

A DROITE: *Pour la chambre maîtresse, Annick et Didier Rabes ont choisi une palette ton sur ton. Les «boiseries» style Louis XVI sont en stuc!*
PAGE DE DROITE: *Le petit bonheur-du-jour, équipé de son nécessaire de toilette et de son miroir, complète l'ambiance 18e de la chambre d'amis.*

CHRISTIAN SIRET

Île-de-France

Quand il était un tout petit garçon, le décorateur de théâtre et de cinéma Christian Siret passa une longue période de convalescence dans la maison de sa grand-mère à Arbonne près de Barbizon. Blotti dans son lit à baldaquin il eut la chance de pouvoir observer en détail cet intérieur vieillot agrémenté de quelques meubles d'époque, de gravures et de tableaux anciens. Longtemps après la disparition de sa grand-mère, il fut pris de nostalgie et voulut revoir la maison dans laquelle il avait passé des moments inoubliables. A sa grande surprise, elle venait d'être mise en vente. Christian insiste sur l'adjectif «magique» pour décrire le moment où il franchit le seuil de la maison en nouveau propriétaire. Ce qui l'enchanta, c'est que la demeure avait à peine changé, la maison avait gardé ses anciens parquets, ses carrelages et ses murs maquillés d'un stuc irrégulier. Mais il réalisa aussi que pour évoquer l'ambiance de jadis, il faudrait dénicher des meubles et des bibelots qui ressembleraient parfaitement à ceux qui hantaient toujours ses souvenirs. De par son métier, Christian Siret sait comment faire revivre un décor d'époque donné. Après tout, c'est lui qui a «habillé» le célèbre film «Molière» d'Ariane Mnouchkine. Le mobilier a été déniché chez les antiquaires les plus divers, et quand les volets sont fermés et que Siret allume les bougies le 20ᵉ siècle doit céder le pas au passé.

A GAUCHE: *Siret a installé son «cabinet de curiosités» dans une des chambres du premier étage et il l'a agrementé d'une longue-vue datant du 19e siècle.*

LEFT: *In one of the upstairs rooms, Siret has set up a "curio corner" with, amongst other things, a 19th-century telescope.*

LINKS: *In einem der Zimmer im ersten Stock hat Siret sein Raritätenkabinett eingerichtet, zu dem auch ein Fernrohr aus dem 19. Jahrhundert gehört.*

When he was a small boy, the theatre and cinema designer Christian Siret spent a long convalescence at his grandmother's house at Arbonne, near Barbizon. Huddled up in his bed, he had time to take in every detail of the old-fashioned interior of his room. Long after his grandmother's death, he was overcome with nostalgia and the desire to revisit the scene of his cherished memories. To his great surprise, the house had just been put up for sale. Christian insists on using the word "magical" to describe the moment when, as the new owner, he crossed the threshold of the house, which had hardly changed. The floors were still covered with the old terracotta floor tiles and the walls with their uneven stucco. But he realised that to recreate the atmosphere of the old days, he would have to track down the furniture and knick-knacks he remembered so clearly. Through his line of business, Christian knows exactly what is needed to reproduce a particular period. After all, he designed the costumes for Ariane Mnouchkine's famous film "Molière". "Grandmother's furniture" was unearthed, and now once the shutters are closed and the candles lit, the 20th century is obliged to make way for the past.

A DROITE: *Les hauts murs du jardin ont jadis été construits pour rendre impossible l'accès aux loups affamés qui rôdaient l'hiver autour de la maison.*

RIGHT: *The high walls of the garden were originally built to keep away hungry wolves which, in winter, prowled around the house.*

RECHTS: *Die hohen Gartenmauern dienten einst zum Schutz vor hungrigen Wölfen, die im Winter ums Haus streunten.*

Als kleiner Junge erholte sich der Theater- und Filmrequisiteur Christian Siret nach einer Krankheit lange im Haus seiner Großmutter in Arbonne bei Barbizon. An sein Himmelbett gefesselt, hatte er reichlich Gelegenheit, sich jedes Detail der alten Möbel, Gemälde und Stiche einzuprägen. Lange nachdem die Großmutter gestorben war, überfiel ihn plötzlich Heimweh, und er wollte das Haus wiedersehen. Überrascht stellte er fest, daß es zum Verkauf stand. Christian betont, es sei für ihn ein »magischer« Moment gewesen, als neuer Eigentümer über die Schwelle zu treten. Er freute sich, das Haus fast unverändert vorzufinden, noch immer gab es die alten Steinböden, das alte Parkett, die Kacheln und den unregelmäßigen Stucco an den Wänden. Ihm war sofort klar, daß er die Atmosphäre von damals nur wiederherstellen konnte, wenn er möglichst alles auftrieb, was so lange in seinen Erinnerungen herumgespukt hatte. Durch seinen Beruf weiß Christian Siret, wie man eine Epoche wieder aufleben läßt. Schließlich war er verantwortlich für das »Drumherum« des hochgelobten Films »Molière« von Ariane Mnouchkine. Die schönen alten Möbel entdeckte er bei Antiquitätenhändlern, auf Kunst- und Antikmärkten, und wenn er heute die Vorhänge schließt und die Kerzen brennen, umfängt ihn wieder die Behaglichkeit vergangener Zeiten.

A GAUCHE: *Tout évoque le passé dans la chambre du maître de maison: les meubles anciens, les animaux empaillés et les objets sous globe.*

LEFT: *In the master bedroom everything recalls the past: antique furniture, stuffed animals, and objects in bell jars.*

LINKS: *Im Schlafzimmer des Hausherrn zeugt alles von der Vergangenheit: antike Möbel, ausgestopfte Tiere und Objekte unter Glas.*

PICKWICK HOUSE
Didier Ludot et Felix Farrington
Île-de-France

Peut-on appeler un chalet canadien transplanté sur une île verte en plein milieu d'un bras mort de la Seine, Pickwick House? Pourquoi pas … De toute évidence, Didier Ludot et Felix Farrington, les propriétaires de ce logis hors du commun, ont un faible pour les noms anglais. Ludot et Farrington ont fait carrière dans la mode. Le premier peut se vanter d'être l'un des rares «antiquaires de la couture», et dans sa boutique parisienne les élégantes se battent pour s'approprier des robes somptueuses signées Balenciaga, Dior, Chanel ou Schiaparelli. Quant à Farrington, un grand magasin de la capitale lui confie le stylisme de ses collections «maison». L'achat du chalet a été décidé, il y a quelques années, sur un coup de tête! En rendant visite à des amis qui habitaient l'île verte, ils tombèrent immédiatement sous le charme de ce lieu et, quelques semaines plus tard, on les trouvait déjà sur des échelles, armés d'un pot de peinture et d'une brosse, en train de peindre et de décorer leur nouvelle acquisition. Après l'ambiance sophistiquée de Paris, les voilà qui pataugent dans un cadre authentiquement pastoral. Le jardin, les arbres et la Seine leur apportent le calme et le repos si nécessaires. Dans cet intérieur qu'ils ont voulu délibérément rustique et cosy «comme une roulotte», ils sont heureux comme des enfants pendant les Grandes Vacances.

CI-DESSUS: *Une console fin de siècle porte une lampe en porcelaine de Meissen datant des années 40. La toile – d'après Rubens – est de la main du père de Felix.*

ABOVE: *A fin-de-siècle console supports a 1940 Meissen wall light; beside it, an oil painting by Felix's father after Rubens.*

OBEN: *auf der Konsole aus der Jahrhundertwende eine Meißner Porzellanlampe von 1940. Das Ölgemälde, eine Kopie nach Rubens, ist ein Werk von Felix' Vater.*

Pickwick House might seem an odd sort of name for a Canadian log cabin on a leafy island in a backwater of the Seine. But the owners of this unusual house, Didier Ludot and Felix Farrington, have a weakness for English names. Ludot and Farrington have made their careers in the world of fashion. Ludot can pride himself on being one of the few "antiquarians of couture". His Paris boutique specialises in "period" gowns designed by Balenciaga, Dior, Chanel or Schiaparelli. Farrington, meanwhile, designs the in-store collections of a Parisian department store. The log cabin, acquired some years ago, was an impulse buy. While visiting friends on the island, they immediately fell under the spell of this location. In a matter of weeks they were climbing ladders, armed with paint pots and brushes, busily decorating their new domain. After the sophistication of Paris, there they were, luxuriating in a truly pastoral setting. The garden, the trees and the Seine brought them the peace and relaxation they so needed. Inside, they deliberately aimed at a rustic effect "like the inside of a gypsy caravan". Here they are as happy as kids in the summer holidays.

A DROITE: *Pickwick House, transplanté il y a quelques décennies, sur un îlot vert perdu au milieu d'un bras mort de la Seine.*

RIGHT: *Pickwick House was transplanted several decades ago to a green island in a backwater of the Seine.*

RECHTS: *Pickwick House: Vor einigen Jahrzehnten wurde das Haus auf die kleine grüne Insel in einem Nebenarm der Seine »verpflanzt«.*

Kann man ein kanadisches Chalet, das man auf eine in einem Nebenarm der Seine gelegene grüne Insel verpflanzt hat, Pickwick House nennen? Man kann … Fest steht jedenfalls, daß die Eigentümer dieser ausgefallenen Behausung, Didier Ludot und Felix Farrington, ein Faible für englische Namen haben. Beide arbeiten erfolgreich in der Modebranche. Ludot kann sich rühmen, eines der wenigen »Couture-Antiquariate« zu betreiben. Die elegante Kundschaft in seiner Pariser Boutique reißt sich um die Modelle von Balenciaga, Dior, Chanel oder Schiaparelli. Farrington entwirft die Hausmarke eines großen Kaufhauses in Paris. Aus einer spontanen Laune heraus entschlossen sich beide vor einigen Jahren zum Kauf des Chalet. Sie hatten Freunde auf der Insel besucht und waren dem Reiz dieses Ortes sofort erlegen. Schon wenige Wochen später konnte man sie beobachten, wie sie, mit Farbtopf und Pinsel bewaffnet, ihre Neuerwerbung instand setzten. Statt in der mondänen Atmosphäre von Paris, tummeln sie sich nun auf dem Land. Der Garten, die Bäume und die Seine – in dieser Umgebung finden sie die dringend benötigte Erholung. In dieser Welt, bewußt ländlich und gemütlich gestaltet, fühlen sie sich so glücklich wie Kinder in den großen Ferien.

A GAUCHE: *Les bouledogues anglais Jicky (d'après le parfum) et Kelly (d'après la star de cinéma) prennent un bain de soleil …*

LEFT: *British bulldogs Jicky (after the perfume) and Kelly (after the film star) sunbathing.*

LINKS: *Die englischen Bulldoggen Jicky (benannt nach dem Parfum) und Kelly (nach der gleichnamigen Filmschauspielerin) nehmen ein Sonnenbad …*

PAGE DE GAUCHE:
*Les arbres, la verdure,
l'embarcadère et la
rivière ... voilà qui
aurait inspiré les
impressionnistes, tou-
jours en quête de sujets
dans les îlots et sur les
rives de la Seine.*
A DROITE: *Rien n'est
«arrangé» sur la ter-
rasse. Les meubles et les
outils ont trouvé leur
place spontanément.*

FACING PAGE: *The
Impressionists, always
on the lookout for sub-
jects on the islands and
banks of the Seine,
would have been
inspired by the trees, the
greenery, the landing
stage and the river.*
RIGHT: *Nothing is
"arranged" on the ter-
race, where furniture
and tools are simply
scattered around.*

LINKE SEITE: *Die
Bäume, die Grün-
flächen, der Bootssteg
und der Fluß ... all das
hätte die Impressioni-
sten inspiriert, die auf
den Inseln und an den
Ufern der Seine häufig
nach Motiven Ausschau
hielten.*
RECHTS: *Auf der
Veranda ist nichts in-
szeniert, Möbel und
Werkzeuge haben spon-
tan ihren Platz gefun-
den.*

A GAUCHE: *Dans le coin-repas, Ludot et Farrington ont accroché leurs collections de plats en porcelaine et en faïence sur un mur en pente. Sous le lustre «Forties» ils ont placé un ensemble de meubles décoratifs.*

LEFT: *In the dining corner, Ludot and Farrington have mounted their collection of porcelain and glazed earthenware plates on a sloping wall. The decorative furniture is grouped beneath a Forties chandelier.*

LINKS: *In der Eßecke haben Ludot und Farrington ihre Porzellan- und Fayencesammlung unter der Dachschräge arrangiert. Unter dem Kristalleuchter aus den vierziger Jahren sind die Möbel dekorativ plaziert.*

PAGE DE GAUCHE ET A DROITE: *La cuisine est le domaine incontesté de Felix qui y prouve chaque jour son talent de cordon-bleu. Des plateaux en papier mâché vénitien des années cinquante voisinent avec des faïences décorées et une batterie de cuisine moderne.*

FACING PAGE AND RIGHT: *The kitchen is without question Felix's domain, where he daily displays his cordon bleu talents. Venetian papier-mâché trays from the Fifties coexist with "deco" pottery and modern pots and pans.*

LINKE SEITE UND RECHTS: *In der Küche stellt Felix seine Kochkünste unter Beweis. Neben venezianischen Tabletts der fünfziger Jahre aus Pappmaché findet sich hier auch rustikales Geschirr.*

A GAUCHE: *Point besoin d'être sage quand on vit à la campagne: tapis d'Orient tendu sur un mur en pente et commode Louis XV «Fifties».*
PAGE DE DROITE: *Pour régaler leurs invités, Didier et Felix ont créé une chambre d'amis sur la mezzanine, en installant des lits couronnés d'un baldaquin de tissu richement drapé. La lampe avec son abat-jour style «robe de bal à dentelles» est un chef-d'œuvre signé Felix Farrington.*

LEFT: *Anything goes at this idyllic rural retreat: an oriental carpet hung on a sloping wall and a Louis XV-style chest of drawers from the Fifties.*
FACING PAGE: *To delight their visitors Didier and Felix have created a guest room on the mezzanine floor, with beds crowned with a canopy of sumptuous hangings. The lamp with its "lace ball gown" shade, is one of Felix Farrington's camp masterpieces.*

LINKS: *Auf dem Land muß man sich nicht unbedingt an Konventionen halten: Der Orientteppich an der Schrägwand wurde mit einer Kommode im Louis XV-Stil aus den fünfziger Jahren kombiniert.*
RECHTE SEITE: *Im Zwischengeschoß haben Didier und Felix ein Gästezimmer eingerichtet. Ein Baldachin aus reich fallendem Stoff schmückt die Betten. Die Lampe mit dem pompösen Spitzenschirm »Marke Ballkleid« ist ein Meisterstück von Felix Farrington.*

UNE MAISON EN ÎLE-DE-FRANCE

Jean-François Gosselin

En s'approchant de la maison on est envahi par le pressentiment qu'on va être confronté avec une demeure inhabituelle et, une fois franchis le seuil et la grande porte cochère, on sait qu'on ne s'est pas trompé. Voilà une demeure où le temps s'est arrêté, où l'on s'attend à passer des moments inoubliables dans un vieux fauteuil Napoléon III, tout près d'un feu de bois qui crépite dans la cheminée et en regardant le salon rouge avec son trumeau Louis XVI et ses beaux tableaux anciens. L'heureux propriétaire de la maison, l'antiquaire Jean-François Gosselin, a créé cette ambiance unique au fil de longues années de recherche. Il fallait un véritable œil de lynx pour découvrir cette belle demeure du 17ᵉ siècle et pour dénicher ces meubles, ces gravures, ces bustes en marbre et en bronze et ce superbe lit 18ᵉ en fer. Et il fallait du goût pour mettre en scène toutes ces trouvailles exceptionnelles. Profitant à la base d'une architecture d'époque aux lignes épurées, Gosselin broda, infatigable, sur le thème «vieille maison de famille». Il laissa intact le bel escalier Directoire, ajouta quand il le fallait une urne sur un socle ou une statue dans une niche, et créa un véritable chef-d'œuvre en reconstituant une cuisine «authentique».

CI-DESSUS: *Jean-François Gosselin a placé une urne en albâtre sur un socle en faux marbre au fond du couloir.*

ABOVE: *At the end of the corridor, Jean-François Gosselin has placed an alabaster urn on an imitation marble pedestal.*

OBEN: *Am Ende des Flurs plazierte Jean-François Gosselin eine Alabasterurne auf einem Sockel aus falschem Marmor.*

As you approach the house, you have a premonition that you are about to be confronted with something exceptional. As you cross the threshold and pass through the great double doors of the carriage entrance you know that your initial feeling was correct: this is a house where time has stood still. Here, you can sit in an old Napoleon III armchair by a crackling wood fire and admire the red drawing room with its Louis XVI overmantel and fine paintings. The lucky owner of the house, antiquarian Jean-François Gosselin, has managed to create this unique ambience over the course of many years of research. It took an eagle eye to discover the beautiful 17th-century residence itself and then track down the furniture, prints, marble and bronze busts and the superb 18th-century iron bed. And it required taste to set the stage for all these extraordinary finds. Exploiting the flawless lines of the period architecture, Gosselin elaborated tirelessly on the theme of an "old family house", leaving intact the fine Directoire staircase and adding here and there an urn on a pedestal or a statue in a niche. Finally, his reconstruction of an "authentic" kitchen was a true masterpiece.

A DROITE: *Sous le Directoire, on ajouta un escalier. Jean-François a disposé ici un Apollon du Belvédère en terre cuite et une urne «à l'antique».*

RIGHT: *This staircase was put in during the Directoire period. Jean-François added a terracotta bust of Apollo Belvedere and a classical urn.*

RECHTS: *Die Treppe stammt aus dem Directoire. Jean-François plazierte hier eine Terrakottabüste des Apoll vom Belvedere und eine klassizistische Urne.*

Bereits auf dem Weg zu diesem Haus drängt sich die Vermutung auf, einer sehr ungewöhnlichen Wohnstätte zu begegnen. Sobald das große Portal an der Einfahrt zufällt, weiß der Besucher, daß er sich nicht geirrt hat. An diesem Gebäude ist die Zeit vorüber gegangen. Hier verbringt man in einem Sessel aus der Zeit des Second Empire unvergeßliche Momente vor dem knisternden Kaminfeuer, während der Blick in den roten Salon mit dem Louis XVI-Kaminsims und den schönen alten Gemälden schweift. Der glückliche Eigentümer dieses Hauses, der Antiquitätenhändler Jean-François Gosselin, hat dieses einzigartige Ambiente geschaffen. Es bedurfte eines besonderen Gespürs, um dieses schöne Gebäude aus dem 17. Jahrhundert zu entdecken und die Möbel, Stiche, Marmor- und Bronzebüsten sowie das herrliche Eisenbett aus dem 18. Jahrhundert ausfindig zu machen, und natürlich erforderte es einen vorzüglichen Geschmack, um all diese ungewöhnlichen Stücke gekonnt in Szene zu setzen. Inspiriert von der durch klare Linien gekennzeichneten Architektur des Hauses, suchte Gosselin unermüdlich nach »alten Familienstücken«. Die wunderbare Directoire-Treppe veränderte er nicht, fügte dem Ensemble aber hier und da eine Urne oder eine Statue hinzu. Mit der »authentischen« Küche gelang ihm ein wahres Meisterstück.

A GAUCHE: *Sous le porche, une statue en plâtre représentant La Musique a été placée dans une niche.*

LEFT: *in a niche under the porch, a plaster statue representing "Music".*

LINKS: *in einer Nische unter dem Portal eine Personifikation der Musik aus Gips.*

A GAUCHE: *Le tissu aux murs du salon rouge est d'origine, mais le propriétaire a apporté le trumeau. Un Mercure en marbre domine la cheminée et une paire de fauteuils Napoléon III revêtus de velours gaufré.*

LEFT: *The wall covering is authentic, but the owner added the mirror. A marble "Mercury" dominates the fireplace, in front of which are a pair of Napoleon III armchairs, covered with embossed velvet.*

LINKS: *Die Wandbespannung gehört zur Originalausstattung im roten Salon, der Kaminspiegel hingegen wurde vom Eigentümer nachträglich hinzugefügt. Auf dem Kamin ein Merkur aus Marmor, davor zwei mit Samt bezogene Sessel aus dem Second Empire.*

PAGE DE GAUCHE ET A DROITE: *Devant la cheminée de la chambre à coucher, le maître de maison a disposé un fauteuil Louis XV et un guéridon composé d'un plateau en marqueterie de marbre et d'un piétement en bois sculpté de style Louis XVI.*

FACING PAGE AND RIGHT: *Standing in front of the bedroom fireplace are a Louis XV armchair and a pedestal table with a marble marquetry top and a Louis XVI-style carved wooden pedestal.*

LINKE SEITE UND RECHTS: *Vor dem Kamin im Schlafzimmer hat der Hausherr einen Louis XV-Sessel sowie ein Marmortischchen mit Einlegearbeiten und geschnitztem Sockel im Louis XVI-Stil plaziert.*

A GAUCHE: *Un buffet à deux corps, probablement originaire de l'office d'un château, sert à ranger les faïences anciennes. Le canard sur la table est une jardinière en faïence du Midi.*
PAGE DE DROITE: *La fontaine en cuivre avec son lave-mains assorti, le panier en osier et le tablier font penser aux compositions des vieux maîtres flamands.*

LEFT: *Antique china is stored in the dresser which probably came from a château pantry. The duck on the table is actually a plant pot in Mediterranean faience.*
FACING PAGE: *A copper fountain with wash basin, a wicker basket left, and an apron recall a Flemish genre painting.*

LINKS: *im Aufsatz-schrank alte Keramiken. Vermutlich stammen sie aus den Originalbestän-den des Château. Die Ente auf dem Tisch ist ein Keramikblumentopf aus Südfrankreich.*
RECHTE SEITE: *Der kupferne Wasserbehälter mit dazugehörigem Waschbecken, der Weidenkorb und die Küchenschürze erinnern an die Gemälde flämischer Meister.*

LE VIAL

Jean-François Lesage et Patrick Savouret

Île-de-France

Il faut voir la maison quand elle est enveloppée d'un brouillard matinal et qu'on distingue, comme à travers un voile, son architecture sévère. Le Vial est une demeure qui mérite pleinement l'adjectif «romantique». Construite à l'aube du 19ᵉ siècle pour Christophe Philippe Oberkampf, le créateur de toiles imprimées, dont la célèbre «toile de Jouy», elle est aujourd'hui habitée par Jean-François Lesage et Patrick Savouret qui s'avouent totalement épris de cette beauté Directoire. Jean-François Lesage porte un nom célèbre: celui du plus grand brodeur du monde. Mais en dépit du respect qu'il éprouve pour le métier de son père, il a choisi de suivre sa propre voie en fondant un atelier de broderie en Inde. Lesage et Savouret, son partenaire, créent des coussins et des tissus d'ameublement somptueux. Décorer Le Vial n'a pas pris une éternité. D'abord, il y avait déjà ce décor unique, ce grand salon avec ses niches garnies d'urnes et ses murs couverts de paysages peints al fresco. Sans oublier les chambres à coucher avec leurs boiseries d'époque. Il ne restait en somme qu'à intégrer du «Lesage», trouver la place idéale pour les chaises à médaillon Louis XVI recouvertes de tissu brodé par Lesage et choisir les canapés où reposeraient les nombreux coussins signés «Lesage». Jean-François et Patrick ne cachent pas que Le Vial leur offre le repos dont ils ont besoin.

CI-DESSUS: *Des statues en terre cuite néoclassiques ornent la façade.*

ABOVE: *Neoclassical terracotta statues decorate the façade.*

OBEN: *Die Fassade ist mit neoklassizistischen Terrakotta-Statuen geschmückt.*

Shrouded in a veil of early morning mist, its severe architecture just visible, Le Vial can truly be described as "romantic". It was built at the dawn of the 19th century for Christophe Philippe Oberkampf, inventor of a printed fabric manufacturing process used to produce the famous "toile de Jouy", and is now inhabited by Jean-François Lesage and Patrick Savouret, who confess to being madly in love with this Directoire treasure. Jean-François Lesage is the son of a famous father: the world's finest embroiderer. But despite the respect he feels for the craft of his father, he has chosen to make his own way and establish an embroidery workshop in India, where Lesage and his partner Savouret create sumptuous cushions and fabrics. It did not take long to decorate Le Vial. First, the great drawing room had a style all of its own, with urns in niches and walls covered with pastoral frescoes. Then there were the bedrooms with their period panelling. All that was left to do was to add the "Lesage" touch, to find the ideal place for the Louis XVI oval back chairs, covered with fabric embroidered by Lesage, and to choose the sofas on which to pile Lesage cushions. Le Vial provides Jean-François and Patrick with just the relaxed atmosphere they need.

A DROITE: *Jean-François Lesage et Patrick Savouret savourent un moment de repos bien mérité.*

RIGHT: *Jean-François Lesage and Patrick Savouret enjoy a well-deserved moment's rest.*

RECHTS: *Jean-François Lesage und Patrick Savouret genießen die wohlverdiente Ruhe.*

Man sollte dieses Haus sehen, wenn es vom Morgennebel verschleiert seiner strengen Konturen entbehrt. Romantischen Träumen wird Le Vial ganz sicher gerecht. Das Juwel aus dem Directoire, zu Beginn des 19. Jahrhunderts für Christophe Philippe Oberkampf erbaut, Gründer einer Fabrik für bedruckte Stoffe – darunter die weltberühmte »Toile de Jouy« – wird heute von Jean-François Lesage und Patrick Savouret bewohnt. Jean-François Lesage trägt einen berühmten Namen: Sein Vater ist der größte Kunststicker der Welt. Trotz des Respekts für das Werk seines Vater ging er seinen eigenen Weg und gründete ein Unternehmen für Kunststickerei in Indien. Lesage und sein Partner Savouret entwerfen Kissen und prunkvolle Dekostoffe. Die Einrichtung von Le Vial gelang ihnen in kurzer Zeit, zumal die einzigartige Ausstattung weitgehend erhalten war, etwa der große Salon mit urnengeschmückten Nischen und die mit Fresken verzierten Wände oder die antiken Vertäfelungen in den Schlafzimmern. Blieb nur, das Ganze mit »Lesage« zu garnieren und die von Lesage prachtvoll bezogenen Louis XVI-Medaillonstühle und die Canapés, auf denen zahlreiche »Lesage«-Kissen zum Verweilen einladen, passend zu arrangieren. Jean-François und Patrick machen keinen Hehl daraus, daß Le Vial ihr Refugium ist.

A GAUCHE: *Habités jadis par Christophe Philippe Oberkampf, la demeure et son parc sont restés intacts pendant près de deux siècles.*

LEFT: *Once the home of Christophe Philippe Oberkampf, the house and park have remained intact for almost two centuries.*

LINKS: *Das für Christophe Philippe Oberkampf erbaute Haus und der Park blieben seit fast zwei Jahrhunderten unverändert.*

A GAUCHE: *Dans l'entrée, l'escalier Directoire sert de décor à une chaise de style Louis XVI, garnie d'un tissu rayé brodé par Lesage.*

PAGE DE DROITE: *Dans une des chambres à coucher, le ton des boiseries et des décorations «à l'antique» ont inspiré à Lesage et Savouret un revêtement de chaise de style Louis XVI.*

LEFT: *In the hall, the Directoire staircase provides the backdrop for a Louis XVI-style chair covered with striped fabric embroidered by Lesage.*

FACING PAGE: *The "antique-style" panelling and decoration of one of the bedrooms inspired Lesage and Savouret's covering of this Louis XVI-style chair.*

LINKS: *Ein gestreifter, von Lesage bestickter Stuhl im Louis XVI-Stil ziert neben der Directoire-Treppe den Eingangsbereich.*

RECHTE SEITE: *ein Stuhl im Louis XVI-Stil. Die Farbe der antikisierenden Wandtäfelung und -verzierung inspirierte Lesage und Savouret bei der Wahl des Bezugstoffes.*

Dans le grand salon
décoré de paysages peints
al fresco, tout est «luxe,
calme et volupté». Les
canapés et les sièges sont
habillés de broderies
luxueuses signées Lesage.

An atmosphere of luxu-
ry, calm and hedonism
reigns in the main
drawing room with its
pastoral frescoes. The
sofas and chairs are cov-
ered with luxurious
Lesage embroidery.

Der große Salon mit sei-
nen Landschaftsfresken
zeugt von Luxus, Be-
haglichkeit und Sinnen-
freude. Sofa und Sessel
sind mit den prachtvol-
len Lesage-Stickereien
verziert.

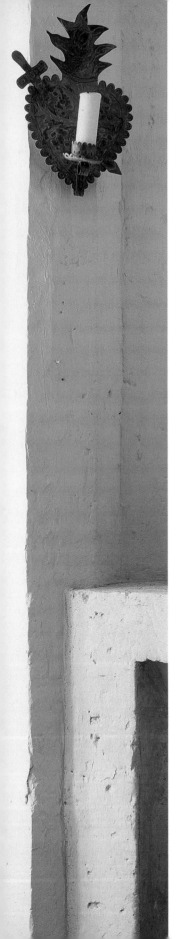

$\mathcal{U}$N PRIEURÉ EN TOURAINE

«Pour vivre heureux, vivons cachés» dit le proverbe … En tout cas, le propriétaire de ce magnifique prieuré préfère rester discrètement dans l'ombre. Esthète accompli, amoureux de la nature, il tomba un jour follement amoureux du domaine et décida d'en faire sa retraite cachée. Grand admirateur des jardins de Villandry et des jardins formels en général, il ceignit d'abord sa propriété d'un grand mur en rondins où il fit grimper une bonne centaine de variétés de roses, toutes blanches, car selon lui «c'est la seule couleur que l'on peut discerner dans la nuit». Il installa aussi un ravissant potager, un jardin «astrologique» aux lignes géométriques, orné de buis taillés et il fit construire une tente dans le plus pur style troubadour. Cet être énigmatique a entouré sa maison de *Buxus sempervirens* taillés dans les formes les plus diverses et qui contrastent avec l'austérité des grandes pièces meublées de fauteuils Louis XVI et des sièges pseudo-Renaissance et néogothiques. Récemment, le propriétaire de ces magnificences a décidé sur un coup de tête d'acquérir un énorme buis de taille conique. Pour l'installer, il a fallu démolir une partie du mur et détacher délicatement la forêt de roses blanches qui s'y était attachée. Mais aujourd'hui ce géant vert trône à deux pas de la maison, bien décidé à préserver à tout jamais le visage secret du domaine …

CI-DESSUS: *derrière la maison, un jardin formel composé de buis taillés.*

ABOVE: *a formal garden of box hedges behind the house.*

OBEN: *der streng geometrische Garten mit beschnittenen Buchsbäumen hinter dem Haus.*

True to the old French proverb, "a happy life is a life in hiding", the owner of this magnificent priory prefers to remain discreetly in the shadows. One day, this aesthete and nature-lover simply fell in love with the place and decided to retire here. As a great admirer of the wonderful formal château gardens at Villandry, he first of all encircled the property with a massive wall of logs, and planted at least 100 varieties of rambling roses, all of them white, because, as the owner himself points out, "it is the only colour you can see in the dark". He also laid out an enchanting "astrological" garden on strict geometric lines, and erected a tent in so-called "Troubadour style". This enigmatic individual has surrounded his house with evergreen box hedges of various shapes which contrast with the austerity of the vast rooms furnished with Louis XVI armchairs and pseudo-Renaissance and neo-Gothic chairs. Recently, on a whim, he decided to acquire a huge conical box tree. Planting it meant demolishing a section of the wall and delicately detaching the forest of white roses clinging to it. Now the green giant soars close to the house, determined to safeguard this secret retreat for ever.

CI-DESSUS: *La cuisine a été badigeonnée de jaune safran. La cage à oiseaux et la batterie de cuisine datent du début du siècle.*

ABOVE: *The kitchen is colour-washed in saffron yellow. The birdcage and kitchen utensils date from the turn of the century.*

OBEN: *Die Küche wurde safrangelb gestrichen. Der Vogelkäfig und die Küchengeräte stammen aus der Zeit der Jahrhundertwende.*

»Um glücklich leben zu können, müssen wir es im Verborgenen tun«, besagt ein altes französisches Sprichwort. Der Eigentümer dieses ehemaligen Priorats zieht es vor, abgeschieden zu leben. Als ausgesprochener Ästhet und Naturliebhaber verliebte er sich eines Tages heftig in diesen Ort und beschloß, sich hierher zurückzuziehen. Als großer Bewunderer der Gärten von Villandry umgab er das Grundstück zunächst mit einer hohen Mauer aus Rundhölzern, an der weit über hundert verschiedene, ausschließlich weiße Rosenarten ranken, da dies die einzige Farbe ist, »die man auch in der Nacht erkennen kann«. Auch legte er einen bezaubernden Gemüsegarten an, ebenso einen »astrologischen« Garten, streng geometrisch gehalten und von einer Buchsbaumhecke eingefaßt, und stellte des weiteren ein Zelt im sogenannten »Troubadour-Stil« auf. Das Haus ist von formenreich beschnittenem Buchsbaum umgeben, was einen hübschen Kontrast zu den schlicht möblierten Zimmern bildet. Hier dominieren Louis XVI-Sessel und Stühle im Neo-Renaissance- und neugotischen Stil. Als der Hausherr spontan beschloß, sich einen riesigen kegelförmigen Buchsbaum zuzulegen, mußte ein Teil der Mauer eingerissen und das daran kletternde weiße Rosengeflecht vorsichtig verpflanzt werden. Heute thront dieser grüne Riese vor dem Haus und trägt dazu bei, das Anwesen von der Welt abzuschirmen.

A GAUCHE: *Le «jardin du zodiaque» intrigue par ses formes géométriques inspirées par l'astrologie. Le mur qui cerne la propriété a été construit en rondins.*

LEFT: *The intriguing "zodiac garden" is composed of geometric shapes inspired by astrological signs. The property is encircled by a wall built of logs.*

LINKS: *Der nach astrologischen Motiven gestaltete »Tierkreiszeichen-Park« beeindruckt durch seine geometrischen Formen. Das Grundstück ist von einer Mauer aus Rundhölzern umgeben.*

CI-DESSUS: *Dans la partie la plus haute du jardin, le maître de maison a dressé une tente style troubadour. Elle est parfaite pour les repas en plein air …*

ABOVE: *At the end of the garden, the owner has erected a "Troubadour-style" tent – perfect for al fresco dining.*

OBEN: *Am oberen Ende des Gartens hat der Hausherr ein Zelt im »Troubadour-Stil« aufgestellt. Der perfekte Rahmen für eine Mahlzeit im Freien …*

PAGE DE DROITE: *Des buis taillés de formes diverses montent la garde, tels des sentinelles, près de la porte d'entrée.*

FACING PAGE: *Various pieces of topiary stand like sentinels close to the front door.*

RECHTE SEITE: *Wie Wachposten wirken die beschnittenen Buchsbaumhecken vor der Eingangstür.*

A GAUCHE: *Un lit à baldaquin monumental occupe presque toute la place dans la chambre à coucher décorée de boiseries gris mauve Directoire.*
PAGE DE DROITE: *Dans la chambre à coucher règne le style néogothique. Les images pieuses en pierre calcaire datent du 19e siècle.*

LEFT: *A monumental four-poster bed takes up most of the space in the bedroom, decorated with mavish-grey Directoire panelling.*
FACING PAGE: *Neo-Gothic is the predominant style in the bedroom. The religious limestone images in oval frames date from the 19th century.*

LINKS: *Das ausladende Himmelbett nimmt beinahe das gesamte Schlafzimmer mit der malvenfarbenen Directoire-Vertäfelung ein.*
RECHTE SEITE: *Im Schlafzimmer dominiert die Neugotik. Die Heiligenbilder aus Kalkstein stammen aus dem 19. Jahrhundert.*

LA MAISON DES TOURELLES

Maroeska Metz

Limousin

Toute petite elle rêvait d'habiter un château, et comme les rêves d'enfance se réalisent plus souvent qu'on ne le suppose, la créatrice hollandaise Maroeska Metz a trouvé la demeure de ses songes en plein cœur de la Creuse. Parler d'un château serait exagéré car, en fait, la Maison des Tourelles est une grande maison de maître ornée de quelques tours modestes et qui lui donnaient son nom, mais comme ses proportions sont à l'échelle humaine elle possède tout le charme de la demeure familiale cossue. C'est pour cela que Maroeska, son mari et ses enfants l'ont choisie. Maroeska dessine et réalise des meubles, des lustres et des objets en fer forgé. Surnommée «la Dame de fer», elle règne comme un Vulcain au féminin sur le feu de son atelier amstellodamois, mais chaque fois que son travail le lui permet elle rentre se reposer en France. Là, elle s'occupe de sa maison en essayant d'y intégrer ses dernières œuvres car elle s'est juré de ne pas toucher au décor original, de garder tous les éléments architecturaux, et de les «rehausser» en quelque sorte en y introduisant ses propres créations. Etrangement, l'apport du mobilier contemporain accentue la beauté insolite de ce décor suranné. Et quand le soir, Maroeska allume les bougies dans la salle à manger, la Maison des Tourelles devient synonyme de bien être …

A GAUCHE: *Au-dessus de la porte d'entrée, Maroeska a fixé un de ses symboles favoris: le soleil.*

LEFT: *Above the front door, Maroeska has fixed one of her favourite symbols: the sun.*

LINKS: *Über der Eingangstür hat Maroeska eines ihrer Lieblingsmotive befestigt: die Sonne.*

As a very little girl, Maroeska Metz dreamed of living in a castle. Sometimes, childhood fantasies really do come true, for the Dutch designer has found her dream home in the heart of the Creuse region. It may be a slight exaggeration to call it a castle, but La Maison des Tourelles is an imposing building, surmounted by turrets – the "tourelles" from which it takes its name. Its modest proportions, however, make it an ideal family residence for Maroeska and her husband and children. Maroeska designs and builds furniture, lamps and objects made of wrought iron. Nicknamed "the Iron Lady", this female Vulcan holds sway over the fire in her Amsterdam studio but, as often as possible, she returns to France for a well-earned rest. There, she turns her attention to the house, trying to find a suitable home for her latest works, for she has vowed to leave the original décor untouched and to retain all the architectural features, embellishing them to create a setting for her own designs. Oddly enough, the introduction of contemporary furniture accentuates the ravishing old-fashioned setting. And in the evening, when Maroeska lights the candles in the dining room, La Maison des Tourelles becomes a synonym for the good life.

A DROITE: *Les volets de la Maison des Tourelles sont ornés de spirales, un motif qui semble désormais lié au vocabulaire décoratif de Maroeska Metz.*

RIGHT: *The shutters at La Maison des Tourelles are decorated with scrolls, one of the trademarks of Maroeska Metz designs.*

RECHTS: *Die Fensterläden von La Maison des Tourelles sind mit Spiralen verziert, ein Motiv, das in Maroeskas Arbeiten häufig auftaucht.*

Als kleines Mädchen träumte Maroeska Metz davon, in einem Schloß zu wohnen. Und weil Kinderträume öfter wahr werden, als man denkt, entdeckte die holländische Designerin inmitten der Region Creuse das Haus ihrer Träume. Genau genommen ist La Maison des Tourelles kein Château, sondern ein imposantes, weitläufiges Gebäude. Den Türmchen verdankt es seinen Namen. Bei seiner Größe wirkt es wie eine Familienresidenz, und so haben Maroeska, ihr Mann und die Kinder das Anwesen erworben. Maroeska entwirft und baut Möbel, Lampen und schmiedeeiserne Objekte. Weil bei den Schweißarbeiten in ihrem Amsterdamer Atelier bisweilen die Funken sprühen, wird sie auch gern die »Dame aus Stahl« genannt. Sooft ihre Arbeit es zuläßt, zieht sie sich nach Frankreich zurück. Dort kümmert sie sich um die Gestaltung ihres Hauses, in das sie ihre eigenen Objekte integriert. Sie hat sich vorgenommen, an der Ausstattung nichts zu ändern, sondern alle architektonischen Elemente im Originalzustand zu belassen und diese allenfalls mit ihren Eigenkreationen »hervorzuheben«. Erstaunlicherweise betont die moderne Einrichtung die romantische Schönheit des Gebäudes. Wenn Maroeska dann abends im Eßzimmer von La Maison des Tourelles die Kerzen anzündet, verwandelt sich die »Dame aus Stahl« in eine strahlende Prinzessin …

A GAUCHE: *Maroeska a dessiné la chaise longue et le tapis bleu cobalt qui embellissent son séjour.*

LEFT: *Maroeska designed the chaise longue and the cobalt blue carpet in the living room.*

LINKS: *Die Chaiselongue und der kobaltblaue Teppich im Wohnzimmer sind Entwürfe von Maroeska.*

PAGE DE GAUCHE: *Le palier est dominé par une chauffeuse 19e. Sur fond de murs gris bleu se détachent un masque de tragédie grecque et un miroir en fer forgé signé Maroeska.*
A GAUCHE: *Les appliques-serpents signées Maroeska accentuent l'ambiance irréelle de la cage d'escalier.*

FACING PAGE: *The landing is dominated by a 19th century fireside chair, a so-called "chauffeuse". A mask from a Greek tragedy and a wrought-iron mirror of Maroeska's own creation contrast with the grey-blue walls.*
LEFT: *The serpentine wall lights designed by Maroeska add to the unreal atmosphere of the stairwell.*

LINKE SEITE: *Blickfang auf dem Treppenabsatz ist der Sessel aus dem 19. Jahrhundert, eine sogenannte »Chauffeuse«. Vor dem Graublau der Tür und der Wand heben sich eine griechische Theatermaske sowie ein selbstentworfener Spiegel mit schmiedeeisernem Rahmen ab.*
LINKS: *Die von Maroeska gefertigten schlangenförmigen Wandlampen verstärken die unwirkliche Atmosphäre des Treppenhauses.*

A DROITE: *En intégrant les objets qu'elle a imaginés – une banquette ovale, un miroir, des appliques et un lustre – dans le décor existant, Metz prouve que ses créations se marient parfaitement avec les vieilles pierres.*

RIGHT: *By combining her own creations – an oval bench, a mirror, wall lights and chandelier – with the existing décor, Metz proves that her designs are a perfect match for the ancient stones.*

RECHTS: *Maroeskas Kreationen – die ovale Sitzbank, der Spiegel oder die Wandleuchten und der Kronleuchter – harmonieren vorzüglich mit den alten Mauern.*

CI-DESSUS: *Dans un salon d'époque Louis XV, Maroeska Metz a installé ses dernières réalisations. Sa palette bleue, blanche et noire contraste agréablement avec les murs blancs et les moulures rehaussées de jaune paille.*

ABOVE: *In the Louis XV drawing room, Metz has introduced some of her latest designs. The blue, white and black scheme strikes a pleasing contrast with the white walls and the straw-coloured mouldings.*

OBEN: *Diesen Louis XV-Salon hat Maroeska mit ihren neuesten Kreationen ausgestattet. Blau, Weiß und Schwarz bilden einen schönen Kontrast zu den weißen Wänden und den strohgelb gehöhten Zierleisten.*

PAGE DE DROITE: *dans la chambre de son fils Arne Igor. Maroeska a dessiné le lit-bateau, le lustre et le paravent.*

FACING PAGE: *In son Arne Igor's bedroom Maroeska designed the "lit en bateau", the chandelier and the screen.*

RECHTE SEITE: *im Zimmer ihres Sohnes Arne Igor: Bett, Lampe und Paravent sind von Maroeska gefertigt.*

A GAUCHE: *Dans la salle à manger, les chaises «Violine», les lustres en fer forgé, la coupe en métal doré, les embrasses et même le tissu des rideaux, portent tous la signature de Maroeska.*

PAGE DE DROITE: *Dans la chambre à coucher, la créatrice a conservé le papier peint du début du 20e siècle, mais elle a introduit des éléments contemporains, tels que «son» lit en fer forgé, «ses» appliques et «son» miroir.*

LEFT: *In the dining room, the "Violine" chairs, the wrought-iron chandeliers, the gilded metal bowl, the tiebacks and even the curtain material all bear Maroeska's signature.*

FACING PAGE: *The designer has kept the early 20th-century bedroom wallpaper, while also introducing her own contemporary creations: a wrought-iron bed, wall lights and a mirror.*

LINKS: *Im Eßzimmer tragen die violinenförmigen Stühle und die schmiedeeisernen Kronleuchter ebenso wie die Metallschale und die Vorhänge Maroeskas Handschrift.*

RECHTE SEITE: *Im Schlafzimmer blieb die Tapete vom Beginn des 20. Jahrhunderts erhalten. Aber die Designerin hat die Einrichtung um moderne Elemente wie »ihr« Eisenbett, »ihre« Wandlampen und »ihren« Spiegel erweitert.*

LA COMMANDERIE DE LAVAUFRANCHE

Bernadette et Lucien Blondeau

Limousin

Bernadette et Lucien Blondeau ont la passion des demeures seigneu-
riales. Propriétaires du Château de Boussac, ils se sentent à l'aise
dans un passé qu'ils ont recréé avec beaucoup de goût, d'enthousiasme et d'efforts. Et comme l'amour des vieilles pierres est irréduc-
tible, ils ont ajouté à leur belle collection de demeures anciennes la
Commanderie de Lavaufranche, une ancienne léproserie construite
par les Templiers, qui se distingue par de vastes salles où règne une
lumière caravagesque et où le rayon de soleil fortuit qui entre par les
fenêtres éclaire timidement la pénombre. Il y a quelques années déjà
que la fille des Blondeau, Bénédicte, avait décidé de s'emparer de la
Commanderie, à cette époque inhabitée et tristement vide. Mais en
«empruntant» ce grand bâtiment plutôt vétuste à ses parents, elle se
lança dans une aventure périlleuse. Bénédicte et son mari Jean-
Jacques Wattel dirigent, avec les Blondeau, la Manufacture Royale
Saint-Jean à Aubusson et, entre le travail aux ateliers et les séjours à
Boussac, il restait peu de temps pour jouer les décorateurs. D'un
commun accord, ils décidèrent de «piller» Boussac et, en quelques
semaines à peine, Lavaufranche s'enrichit d'un ensemble de meubles
rustiques. Aujourd'hui, faire le tour de la Commanderie, c'est comme entrer dans un tableau ancien. Une fois de plus, les Blondeau-
Wattel ont réalisé leur rêve …

A GAUCHE: *La Com-
manderie séduit ses visi-
teurs par ses murs en
grosses pierres rugueuses
et ses fenêtres à petits
carreaux qui laissent
entrer discrètement la
lumière du jour.*

LEFT: *The Comman-
derie charms visitors
with its thick, rough
stone walls and its win-
dows with their small
panes cautiously letting
in the daylight.*

LINKS: *Die groben
Steinwände und die
kleinen Fenster, die nur
wenig Licht eindringen
lassen, faszinieren jeden
Besucher des Hauses.*

A DROITE: *Dans la salle de bains, la tablette de la cheminée sert de support à une tête en pierre sculptée.*

RIGHT: *on the bathroom mantelpiece, a carved stone head.*

RECHTS: *Auf dem Kaminsims im Badezimmer ruht ein Steinkopf.*

Bernadette and Lucien Blondeau have a passion for châteaux. As owners of the Château de Boussac, they are completely at home in their very personal recreation of the past, achieved with a good deal of taste, effort and enthusiasm. And since this love of ancient stones is everlasting, they have added the Commanderie de Lavaufranche, a former leper hospital, built by the Knights Templars, to their fine collection of old houses. In its vast rooms the play of light recalls the paintings of Caravaggio – semi-darkness penetrated by the occasional ray of sunshine. It is some time ago since the Blondeaus' daughter Bénédicte decided to get her hands on the empty commandary, but when she "borrowed" the house from her parents, she was setting out on a perilous adventure. Bénédicte, her husband Jean-Jacques Wattel, and the Blondeaus are co-directors of the prestigious tapestry workshops of the Manufacture Royale Saint-Jean at Aubusson. Between their occupations in Aubusson and their stays in Boussac, there was little time left for them to play at interior designers, so they decided to "plunder" Boussac. Soon after, Lavaufranche was "endowed" with a set of rustic furniture. Once again, the Blondeau-Wattel team had succeeded in making a dream come true.

A GAUCHE: *Un lutrin paré d'un aigle en bois sculpté est éclairé par un faible rayon de soleil hivernal.*

LEFT: *A lectern adorned with a carved wooden eagle is caught in a weak ray of winter sunshine.*

LINKS: *ein Lesepult mit geschnitztem Holzadler – von der Wintersonne erhellt.*

Bernadette und Lucien Blondeau haben ein Faible für Herrenhäuser. Als Eigentümer des Château de Boussac schätzen sie die Vergangenheit und versuchen sie mit viel Mühe und Enthusiasmus wiederzubeleben. Da sie ihre Passion für alte Gemäuer liebevoll pflegen, haben sie ihre stattliche Sammlung alter Gebäude um die Komturei von Lavaufranche erweitert, ein ehemaliges Leprakrankenhaus, das von den Templern erbaut worden war. In die großen Säle dringt nur spärliches Licht, selten erhellt ein Sonnenstrahl das Halbdunkel. Bereits vor einigen Jahren hatte die Tochter der Blondeaus, Bénédicte, beschlossen, sich der verlassenen und leerstehenden Komturei anzunehmen. Doch ihre »Adoption« des eher baufälligen Gebäudes erwies sich als schwierige Aufgabe. Bénédicte und ihr Mann Jean-Jacques Wattel, die gemeinsam mit ihren Eltern die Manufacture Royale Saint-Jean in Aubusson leiten, mußten feststellen, daß ihnen neben ihrer Arbeit in Aubusson und ihren Aufenthalten in Boussac kaum Zeit blieb, sich als Innenarchitekten zu betätigen. Kurzerhand beschlossen sie Boussac zu »plündern«, und schon bald war Lavaufranche mit rustikalen Möbeln eingerichtet. Wenn man heute die Komturei besichtigt, hat man den Eindruck, sich in einem alten Gemälde zu bewegen. Wieder einmal haben die Blondeau-Wattels ihre Träume wahr gemacht …

CI-DESSUS ET A
DROITE: *La salle à
manger a été meublée
avec une table, des ban-
quettes et des chaises
rustiques datant du 18e
siècle.*
PAGE DE DROITE:
*Un siège inspiré par la
Renaissance flamande et
une ancienne carte de la
Creuse évoquent les
« mises en scène » que
l'on aperçoit souvent sur
les tableaux de Vermeer.*

ABOVE AND RIGHT:
*The dining room is fur-
nished with a table,
benches and rustic
chairs, all dating from
the 18th century.*
FACING PAGE: *A
chair inspired by the
Flemish Renaissance
and an old map of the
Creuse region recall the
genre paintings of Ver-
meer.*

OBEN UND RECHTS:
*Das Eßzimmer wurde
mit einem Tisch, Bän-
ken und rustikalen
Stühlen aus dem 18.
Jahrhundert möbliert.*
RECHTE SEITE: *Der
Armstuhl, stilistisch der
flämischen Renaissance
verpflichtet, und eine
alte Landkarte der
Region Creuse erinnern
an Gemälde von Ver-
meer.*

CI-DESSUS: «Nature morte de fleurs avec rideau» d'Adriaen van der Spelt (1658), The Art Institute of Chicago.
A DROITE: Un très rare siège épiscopal à baldaquin, d'époque Louis XVI, et une cage à oiseaux ont trouvé l'emplacement idéal dans la chambre à coucher.
PAGE DE DROITE: Le lit à baldaquin, drapé de lin ancien, aurait pu abriter les amours de Pelléas et Mélisande.

ABOVE: "Flower Still Life with Curtain" by Adriaen van der Spelt (1658) in the Art Institute of Chicago.
RIGHT: A very rare episcopal throne from the time of Louis XVI and a birdcage have found an ideal spot in the bedroom.
FACING PAGE: The four-poster bed with its antique linen hangings might have witnessed the loving embraces of Pelléas and Mélisande.

OBEN: ein Gemälde von Adriaen van der Spelt »Blumenstilleben mit Vorhang« (1658), das sich im Art Institute of Chicago befindet.
RECHTS: Der sehr seltene Louis XVI-Bischofsstuhl mit Baldachin hat ebenso wie der Vogelkäfig in diesem Schlafzimmer seinen Platz gefunden.
RECHTE SEITE: Das mit altem Leinen verhüllte Himmelbett hätte ein wunderbares Liebesnest für Pelleas und Melisande abgegeben.

PAGE DE GAUCHE:
*La cuisine a été meublée
en un tour de main en
puisant dans les réserves
de Lucien Blondeau. Le
mobilier, les ustensiles
de cuisine et même la
planche à four datent
du 19e siècle.*
A DROITE: *Près d'une
cheminée imposante, les
habitants ont installé
un porte-vêtements, un
chauffe-pieds et un siège
d'époque.*

FACING PAGE: *The
kitchen was furnished
in a flash after a swift
rummage through
Lucien Blondeau's col-
lection. The furniture,
utensils, and even the
baker's shovel, are all
19th-century.*
RIGHT: *a valet stand, a
foot-warmer and a peri-
od chair stand next to
the imposing fireplace.*

LINKE SEITE: *Dank
seiner umfangreichen
Sammlung gelang es
Lucien Blondeau im
Handumdrehen, die
Küche im Stil der Zeit
einzurichten. Nicht nur
das Mobiliar und die
Küchengeräte, sogar die
Brotschaufel stammen
aus dem 19. Jahrhun-
dert.*
RECHTS: *Neben dem
imposanten Kamin
wurden ein antiker
Kleiderständer, ein
Fußwärmer und ein
Stuhl plaziert.*

CI-DESSUS: «Verre
d'eau et cafetière», une
nature morte de Jean-
Baptiste Siméon Char-
din (vers 1760), Carne-
gie Museum of Art,
Pittsburgh.

ABOVE: "Glass of
Water with Coffee Pot",
a still life by Jean-Bap-
tiste Siméon Chardin
(c. 1760), Carnegie
Museum of Art, Pitts-
burgh.

OBEN: Das »Küchen-
stilleben« von Jean-Bap-
tiste Siméon Chardin
(um 1760) befindet sich
heute im Carnegie
Museum of Art, Pitts-
burgh.

PAGE DE GAUCHE:
Les propriétaires ont
gardé l'étrange évier en
pierre, installé par les
Templiers dans l'embra-
sure de la fenêtre.

FACING PAGE: The
quaint stone sink in
front of the window was
installed by the Knights
Templars.

LINKE SEITE: Der
kuriose steinerne Aus-
guß, von den Templern
in die Fensterbank ein-
gefügt, wurde im Ori-
ginalzustand belassen.

Une des salles de Lavau-
franche a été transfor-
mée en salle de bains.
La baignoire ronde est
en fait une cuvette qui
servait autrefois à laver
les tapisseries anciennes.

An improvised bath-
room in one of the
rooms at Lavaufranche.
The round bath was
actually a tub used long
ago for washing tapes-
tries.

Einer der Säle von
Lavaufranche wurde in
ein Bad »verwandelt«.
Der als Badewanne
genutzte Waschzuber
diente früher der Reini-
gung von Wandteppi-
chen.

UNE MAISON À AUBUSSON

Bénédicte et Jean-Jacques Wattel

Limousin

La petite maison Directoire n'a vraiment rien d'extraordinaire. Elle a du charme, c'est tout, et c'est la raison pour laquelle Bénédicte et Jean-Jacques Wattel l'ont choisie. Les Wattel dirigent avec dévouement la Manufacture Royale Saint-Jean à Aubusson et, comme il leur fallait un logis proche de leur lieu de travail, ils n'hésitèrent pas quand on leur offrit la maison de feu le Directeur des Ateliers. Le trouvant délabré et offrant la surprise plutôt désagréable de quelques pièces lambrissées repeintes dans des couleurs criardes, ils comprirent néanmoins qu'il ne fallait pas toucher à ce décor unique. De par leur métier, les Wattel savent ce qu'est reconstruire l'image parfaite d'une époque et, étant restaurateurs de tapisseries anciennes, ils ont l'expérience du travail par touches délicates. Faut-il s'étonner qu'ils aient épargné les lambris d'époque Directoire, recouverts d'une couche épaisse de rose massepain où de vert pomme? Ajoutons de suite que Bénédicte est peintre à ses heures et qu'elle crée les cartons pour certains tapis. De toute façon, les Wattel ont des âmes d'artiste. Dans la chambre à coucher et dans la cuisine, le décor d'époque et la décoration récente forment un ensemble si harmonieux qu'on le croirait intégralement authentique. Seul les tableaux de la maîtresse de maison trahissent le 20e siècle …

A GAUCHE: *Dans une pièce située près de l'entrée, les Wattel ont gardé les anciens rangements pour la laine.*

LEFT: *In a room off the hallway, the Wattels still use the old storage space for wool.*

LINKS: *In einem Zimmer neben dem Eingang bewahren die Wattels die alten Ständer für die grob gesponnene Wolle auf.*

There is nothing extraordinary about the little Directoire house. It is quite simply, charming, and that is exactly why Bénédicte and Jean-Jacques Wattel chose it. The Wattels are the dedicated directors of the Manufacture Royale Saint-Jean at Aubusson and, since they needed to find a home close to their work, they did not hesitate when offered the house of a former workshop manager. It was in a dilapidated state and, although some of the panelled rooms were repainted in garish colours, they nonetheless realised that it would be a mistake to touch this unique interior décor. Since their job is to restore antique tapestries, the Wattels know what it takes to reconstruct the image of a specific era and are experienced in carrying out such works with a delicate touch. It was no surprise, therefore, that they spared the Directoire panelling, even though some panels were covered with a thick layer of "marzipan pink" or "apple green". We should point out straight away that Bénédicte is herself a painter, sometimes producing sketches for carpets. The combination of period and contemporary décor creates such a harmonious whole that it would be easy to believe it was entirely authentic. Only Bénédicte's paintings reveal that this is the 20th century.

A DROITE: *Derrière la maison, Bénédicte s'adonne aux joies simples de la vie campagnarde.*

RIGHT: *In the back garden, Bénédicte indulges in the simple joys of country life.*

RECHTS: *Hinter dem Haus frönt Bénédicte den einfachen Freuden des Landlebens.*

Nichts ist wirklich außergewöhnlich an dem kleinen Haus aus der Zeit des Directoire. Doch hat es einen gewissen Charme, und eben dies veranlaßte Bénédicte und Jean-Jacques Wattel, sich für dieses Haus zu entscheiden. Die Wattels leiten die Manufacture Royale Saint-Jean in Aubusson und waren daher auf der Suche nach einer Wohnung in der Nähe ihrer Firma. Als ihnen das Haus des Werkstattleiters angeboten wurde, griffen sie sofort zu. Das Gebäude war heruntergekommen, die Zimmer mit den grell gestrichenen Vertäfelungen eine unangenehme Überraschung. Das Dekor erschien ihnen dennoch einzigartig, und sie beschlossen, die Originalvertäfelungen aus dem Directoire freizulegen, die zum Teil von dicken Farbschichten – Marzipanrosa oder Apfelgrün – bedeckt waren. Als ehemalige Restauratoren von Wandteppichen wußten die Wattels genau, wie man eine Epoche wieder zum Leben erweckt. Sie haben in jeder Hinsicht eine künstlerische Ader. Bénédicte malt in ihrer Freizeit gern und entwirft gelegentlich Teppiche. Im Schlafzimmer und in der Küche geht die originale Ausstattung mit den neueren Elementen eine derart harmonische Verbindung ein, daß alles wie aus einem Guß wirkt. Nur in den Gemälden der Hausherrin gibt sich das 20. Jahrhundert zu erkennen …

A GAUCHE: *Côté sanitaires, les Wattel vivent encore à l'heure du 19e siècle…*

.LEFT: *The Wattels still live with 19th-century plumbing.*

LINKS: *das Bad: Die Wattels leben noch wie im 19. Jahrhundert…*

PAGE DE GAUCHE:
Dans l'office, on dé-
couvre des victuailles et
des ustensiles de cuisine
surannés hérités des
grands-parents.
A DROITE: *Bénédicte*
n'a rien changé dans la
cuisine. Elle a simple-
ment rafraîchi la pièce
en ajoutant une coton-
nade imprimée d'un
motif bleu et blanc et
quelques vieilles chaises
Thonet.

FACING PAGE: *In the*
pantry, Bénédicte stores
food, as well as the anti-
quated kitchen utensils
from her grandparents.
RIGHT: *Bénédicte has*
left the kitchen unal-
tered. She has simply
enlivened it with a fab-
ric printed with a blue
and white motif and a
few old Thonet chairs.

LINKE SEITE: *In der*
Vorratskammer befin-
den sich Lebensmittel
sowie alte Küchenuten-
silien der Großeltern.
RECHTS: *In der Küche*
hat Bénédicte nichts
verändert. Sie hat den
Raum nur mit blau-
weiß gemustertem
Baumwollstoff und
einigen alten Thonet-
Stühlen aufgefrischt.

A GAUCHE: *Dans le grenier, une lingerie «de grand-mère» et les armoires encastrées regorgent de linge de maison et de tissus anciens.*
PAGE DE DROITE: *La salle à manger – enrichie d'un service en porcelaine de Limoges blanche, de quelques chaises paillées rustiques, d'un pastel 18e et de couverts en argent – n'a pas changé d'aspect depuis près de deux siècles.*

LEFT: *in the attic: "Grandma's linen store" and the built-in cupboards overflow with ancient household linen.*
FACING PAGE: *The dining room which has remained untouched for almost two centuries, has now been enriched with white Limoges china, rustic straw-bottomed chairs, an 18th-century pastel and silver cutlery.*

LINKS: *auf dem Speicher der großmütterliche Wäscheschrank der Hausherrin und die mit alten Stoffen und Wäsche gefüllten Einbauschränke.*
RECHTE SEITE: *das seit fast zwei Jahrhunderten nicht veränderte Eßzimmer mit dem weißen Porzellan aus Limoges, geflochtenen Stühlen, einem Pastell aus dem 18. Jahrhundert und Silberbesteck.*

CI-DESSUS: *La chambre à coucher lambrissée dans le plus pur style Directoire contient des meubles anciens «chinés» chez les parents de Bénédicte.*
A DROITE ET PAGE DE DROITE: *Bénédicte Wattel, qui peint sous le pseudonyme de JEB, a installé son atelier dans une pièce désaffectée du premier étage.*

ABOVE: *The bedroom with its authentic Directoire panelling contains antique furniture "borrowed" from Bénédicte's parents.*
RIGHT AND FACING PAGE: *Bénédicte, who paints under the pseudonym "JEB", has set up her studio in a disused room on the first floor.*

OBEN: *das Schlafzimmer mit der originalen Directoire-Vertäfelung. Die antiken Möbel hat Bénédicte von ihren Eltern »geliehen«.*
RECHTS UND RECHTE SEITE: *Bénédicte Wattels Gemälde entstehen unter dem Pseudonym »J.E.B.« in diesem zum Atelier umfunktionierten Zimmer im ersten Stock.*

UNE MAISON AU CŒUR DU LUBÉRON

Provence

Les antiquaires qui achetèrent cette demeure du 18ᵉ siècle située au cœur du Lubéron furent d'abord tentés par le côté grandiose de son architecture, mais ils avouent avoir subi le plus grand choc quand ils virent le grand salon et ses boiseries gris Trianon, et l'allure typiquement provençale de l'ensemble, qui réussit à marier des lambris élégants avec des tomettes en terre cuite rustiques et des fresques à l'italienne avec des murs en stuc franchement campagnards. La juxtaposition osée d'éléments «riches» et «pauvres» a inspiré les nouveaux propriétaires lors de l'aménagement de leur nouvelle résidence. Dès l'entrée, on sent que cette maison abrite l'inhabituel et l'excentrique, en témoignent le siège d'invalide canné, datant du 19ᵉ siècle et le sol en terre battue. A l'étage, les salons sont plutôt à l'heure du dépouillement, le plus grand rôle étant réservé au vide, aux splendides boiseries et à un ornement baroque en bois doré et sculpté, où l'on peut lire ce texte cryptique: «Voilà ce cœur qui a tant aimé les hommes.» C'est dans la salle à manger que règnent l'accumulation et les collections. Derrière la maison, on atteint le jardin sauvage par un perron et un escalier orné d'une balustrade en ferronnerie 18ᵉ. C'est ici que les propriétaires se reposent et qu'ils profitent de la nature, du silence et du soleil du Midi.

CI-DESSUS: *Un cartouche baroque, provenant d'une église, porte un texte fort intriguant …*

ABOVE: *A baroque cartouche, once mounted on a church wall, bears a highly intriguing inscription.*

OBEN: *Die aus einer Kirche stammende, barocke Kartusche trägt eine mysteriöse Inschrift …*

It was the grandiose architecture of this 18th-century house in the heart of the Lubéron that first inspired its owners to acquire it. But, as the two antique dealers also admit, they were astounded when they saw the "grand salon" with its grey Trianon-style panelling. At the same time, they were captivated by the typically Provençal look of the place, where elegant panelling coexists in perfect harmony with the terracotta floor tiles and the frankly rustic walls with Italian-style frescos. The daring juxtaposition of "rich" and "poor" suited the new owners very well as they moved into their new abode. As soon as you enter the house and catch sight of the 19th-century wicker wheelchair and the compacted earth floor, you realise that it is home to some unusual, eccentric things. The upstairs rooms are much more minimalist. Here, space itself is the main feature, and the eye is drawn to the wonderful wood panelling, and a carved baroque memorial plaque in gilded wood, bearing the intriguing inscription "Here is a heart that greatly loved men". The dining room, meanwhile, is given over to a mass of collectibles. The garden behind the house is reached by a terrace and a flight of steps with an 18th-century wrought-iron balustrade. It is here that the owners relax and enjoy the beauty of nature, the silence and the sun of the "Midi", the South of France.

A DROITE: *Derrière la maison, des portes-fenêtres, un perron et un escalier orné d'une rampe élégante en ferronnerie donnent accès au jardin indompté.*

RIGHT: *Behind the house, French windows, a terrace and a flight of steps with an elegant wrought-iron balustrade give access to the untamed garden.*

RECHTS: *Vom Balkon aus gelangt man über die Treppe mit dem eleganten Geländer in den verwilderten Garten hinter dem Haus.*

Die Antiquitätenhändler, die dieses Gebäude im Herzen des Lubéron gekauft haben, waren zunächst von der grandiosen Architektur begeistert, aber anschließend fassungslos, als sie im großen Salon auf graue Vertäfelungen im Stil des Versailler Trianon stießen, und das mitten in der Provence. Hier harmonierten elegante Wandvertäfelungen mit rustikalen Terrakottafliesen und Fresken im italienischen Stil mit grobem ländlichen Verputz. Diesem unkonventionellen Ensemble »reicher« und »armer« Elemente versuchten die neuen Eigentümern bei der Einrichtung zu entsprechen. Schon im Eingangsbereich wird deutlich, daß hier Ungewöhnliches und Seltenes zu finden ist, wie der geflochtene Rollstuhl aus dem 19. Jahrhundert oder der gestampfte Lehmboden. Die Zimmer im ersten Stock sind eher spärlich möbliert, so lenkt nur wenig von den wunderbaren Vertäfelungen und dem vergoldeten barocken Holzornament ab, auf dem die geheimnisvolle Inschrift zu lesen ist: »Hier ist das Herz, das die Männer so sehr geliebt hat«. Das Eßzimmer ist hingegen aufwendig möbliert, hier sind auch mehrere Sammlungen untergebracht. Über eine Treppe mit einem schmiedeeisernen Geländer aus dem 18. Jahrhundert gelangt man in den verwilderten Garten. Hier entspannen sich die Besitzer des Hauses, erholen sich in der Natur und genießen die Stille und Sonne des südfranzösischen »Midi«.

PAGE DE GAUCHE: *Dans le grand hall d'entrée, le sol en terre battue et la chaise d'invalide cannée annoncent un décor peu commun.*
A GAUCHE: *Les sièges dans la salle de bains datent du 19e siècle et le lavabo en marbre blanc du début du 20e.*

FACING PAGE: *In the huge entrance hall, the compacted earth floor and the wicker wheelchair herald a house with a most unusual décor.*
LEFT: *The chairs in the bathroom date from the 19th century and the marble washstand from the early 20th century.*

LINKE SEITE: *In der großen Eingangshalle weisen der gestampfte Lehmboden und der Rollstuhl mit Peddigrohrgeflecht bereits auf eine ungewöhnliche Ausstattung hin.*
LINKS: *Die Stühle im Badezimmer stammen aus dem 19., das weiße Marmorwaschbecken aus dem frühen 20. Jahrhundert.*

A DROITE: *Une paire de hallebardes, une auge et un portrait d'homme du début du 19e siècle accentuent l'austérité du lieu.*

RIGHT: *A pair of halberds, a trough and an early 19th-century portrait of a man accentuate the simplicity of the house.*

RECHTS: *Zwei Hellebarden, ein Trog und das Porträt eines Mannes aus dem frühen 19. Jahrhundert unterstreichen den asketischen Charakter des Raumes.*

A GAUCHE: *Le salon d'apparat du premier étage est tapissé de lambris gris Trianon et les dessus de portes sont ornés de bas-reliefs dorés représentant des empereurs romains. La pièce a été meublée dans l'esprit du 18e siècle.*
PAGE DE DROITE: *Dans la salle à manger, l'alcôve abrite un autel. La tour «gothique» est une pièce de maîtrise datant du 19e siècle.*

LEFT: *The walls of the formal drawing room on the first floor are covered with grey Trianon panelling. Above the doors are gilded bas-reliefs representing Roman emperors. The room has been furnished in the spirit of the 18th century.*
FACING PAGE: *An alcove in the dining room houses an altar. The "Gothic" tower is a 19th-century masterpiece.*

LINKS: *Der prunkvolle Salon im ersten Stock ist im Stil des Versailler Trianon vertäfelt. Über den Türen befinden sich vergoldete Holzmedaillons römischer Herrscher. Der Raum wurde im Stil des 18. Jahrhunderts möbliert.*
RECHTE SEITE: *Im Alkoven des Eßzimmers befindet sich ein Altar. Bei dem »gotischen« Turm handelt es sich um ein Meisterwerk aus dem 19. Jahrhundert.*

LE MAS D'ESTO
Siki de Somalie

Provence

Siki de Somalie n'est pas seulement princesse de par son titre, elle
l'est aussi par sa personnalité fascinante. Siki crée des bijoux qui
marient l'éclat de l'or avec des pierres aux tailles et aux formes inha-
bituelles et avec une touche d'exotisme inspiré par ses origines afri-
caines. Comme elle aime la nature, elle fuit Paris aussi souvent que
possible pour se réfugier dans son domaine du côté de Saint-Rémy-
de-Provence. La Principessa, c'est ainsi que l'ont baptisée ses amis
intimes, raconte, avec le sourire, que ces mêmes amis ont aussi donné le surnom de «Trianon Rose» à sa maison de campagne couleur
ocre rose, enfouie sous le lierre. La princesse ne voit d'ailleurs pas
très bien pourquoi la sophistication de son existence parisienne
viendrait teinter ses séjours dans ce mas ancien avec sa grande terrasse couverte et son champ de verveine. Chez elle, l'ambiance est plutôt à la simplicité; on se croirait dans un ouvrage de Colette et –
comme l'écrivain – bien disposé à siroter du vin d'orange dans un
siège en osier. Pour son intérieur, Siki a choisi des murs en stuc tein-
tés d'ocre rosé et un mobilier solide et campagnard. A Saint-Rémy,
le luxe visuel ce sont les tableaux, les faïences rustiques, les lampes
à huile et les sièges en rotin. Les seules notes sophistiquées: la
chambre de Siki où trône un lit 1940 surmonté d'un baldaquin et la
présence discrète de ses king-charles, Greta et Frégoli.

A DROITE: *le mas d'Esto avec ses murs ocre rosé, ses volets rouges et sa façade couverte de lierre – l'idylle pastorale au cœur de la Provence.*

RIGHT: *the Mas d'Esto with its pink ochre walls, red shutters and ivy-covered façade, a pastoral idyll in the heart of Provence.*

RECHTS: *das Mas d'Esto mit den Wänden in Ockerrosa, roten Fensterläden und der efeubewachsenen Fassade – eine ländliche Idylle im Herzen der Provence.*

Princess Siki of Somalia is a fascinating lady and of every inch a princess. Siki creates jewellery which combines the brilliance of gold with stones of unusual cut and shape and a touch of exoticism inspired by her African origins. Since she loves the countryside, she escapes Paris whenever she can to take refuge at her estate near Saint-Rémy-de-Provence. Affectionately dubbed La Principessa by her closest friends, Siki tells how these same friends also chose the name of "Trianon Rose" for her ivy-covered, pink ochre country house. The princess sees no reason why her sophisticated Parisian lifestyle should impinge on this old "mas", a typical Provençal farmhouse, with its huge covered terrace and its field of verbena. Here, the ambience is as simple as can be and it is like stepping into one of Colette's novels. This is the perfect place to emulate that author and curl up in a wicker chair to sip "vin d'orange". For the interior, Siki has chosen stucco walls tinted with pink ochre, and solid country-style furniture. At Saint-Rémy, paintings, rustic ceramics, oil lamps and rattan chairs provide a feast for the eyes. The only notes of sophistication: Siki's bedroom with its Forties bed surmounted with a canopy, and the discreet presence of her King Charles spaniels, Greta and Frégoli.

Nicht nur ihres Titels, auch ihrer faszinierenden Persönlichkeit wegen erweist sich Siki de Somalie als Prinzessin. Siki entwirft ungewöhnlichen Schmuck, wobei Gold mit ungewöhnlich geschliffenen oder geformten Steinen und einem exotischen Touch, der auf ihre afrikanischen Wurzeln zurückgeht, kombiniert wird. Als große Naturliebhaberin flieht sie sooft wie möglich aus Paris in ihr Landhaus bei Saint-Rémy-de-Provence. Die »Principessa«, wie sie von guten Freunden genannt wird, erzählt lächelnd, daß ihr ockerrosa, efeubewachsenes Landhaus denselben Freunden seinen Namen »Trianon Rose« verdankt. Ihr mondänes Pariser Leben müsse nicht auf ihr altes »Mas«, das provenzalische Bauernhaus, mit seiner großen überdachten Terrasse und dem Eisenkrautfeld abfärben, findet die Prinzessin. Im einfach gehaltenen Ambiente fühlt man sich in einen Colette-Roman versetzt und bekommt Lust, es sich hier – wie die Autorin – mit einem Glas »vin d'orange« im Korbsessel bequem zu machen. Das Innere des Hauses wird von den in Ockerrosa gestrichenen Wänden und soliden Möbeln bestimmt. Die Gemälde, die rustikale Keramik, die Öllampen und die Korbsessel verströmen eine angenehm ländliche Atmosphäre. Mondänes Flair verbreiten nur das Bett mit dem Baldachin aus den vierziger Jahren in Sikis Zimmer und die diskrete Gegenwart der King-Charles-Spaniel, Greta und Frégoli.

A GAUCHE: *Le linge qui sèche aurait pu inspirer les impressionnistes.*

LEFT: *The washing on the line might have inspired the Impressionist painters.*

LINKS: *Die im Wind trocknende Wäsche hätte ein hübsches Motiv für Impressionisten abgegeben.*

A GAUCHE: *des meubles de jardin et des plantes en pots à l'écart du soleil brûlant. Siki et sa famille adorent prendre leur petit déjeuner à l'ombre de la maison.*

PAGE DE DROITE: *Sous l'auvent de la terrasse, une table et des bancs attendent les invités. Une cage à volaille en osier s'est transformée en lanterne.*

LEFT: *garden furniture and pot plants sheltered from the burning sun. Siki and her family love to eat breakfast in the shadow of the house.*

FACING PAGE: *The table and benches await guests on the shady terrace. A wicker poultry basket has been transformed into a lamp.*

LINKS: *Gartenmöbel und Topfpflanzen sind vor der brennenden Sonne geschützt. Siki und ihre Familie frühstücken gern hier im Schatten des Hauses.*

RECHTE SEITE: *Unter dem Terrassenvordach warten die Bänke und der Tisch geduldig auf Gäste. Ein Vogelkäfig dient heute als Laterne.*

A GAUCHE: *Sur les murs Siki a accroché de vieux chapeaux et des plateaux en paille, et au-dessus de la table rustique elle a suspendu un luminaire fin de siècle.*
PAGE DE DROITE: *le mobilier rustique de la cuisine, les lampes à huile et la grande terrine en faïence sur la table.*

LEFT: *On the walls Siki has hung old straw hats and trays and, above the table, she has suspended a turn-of-the-century lamp.*
FACING PAGE: *rustic kitchen furniture, with oil lamps and a large faience tureen on the table.*

LINKS: *an der Wand alte Strohhüte und Brotkörbe, über dem Tisch eine Lampe aus der Zeit der Jahrhundertwende.*
RECHTE SEITE: *Die Küche ist mit rustikalen Möbeln und Öllampen ausgestattet, auf dem Tisch steht eine große Deckelterrine aus Fayence.*

A DROITE: *Siki adore composer des «natures mortes» sur ses meubles, soit avec un simple bouquet de fleurs, soit en assemblant avec un goût sûr une lampe ancienne, un vieux livre et un flacon.*

RIGHT: *Siki enjoys creating "still lifes", either with a simple bunch of flowers, or by tastefully combining an antique lamp, an old book and a bottle.*

RECHTS: *Siki arrangiert gern kleine »Stilleben« auf ihren Möbeln. Ein einfacher Blumenstrauß oder ein geschmackvolles Ensemble mit antiker Lampe, altem Buch und Flakon setzen stimmungsvolle Akzente.*

Vivre à Ramatuelle

Serge Hubert

Côte d'Azur

Il fallait que l'antiquaire Serge Hubert adore le Midi pour qu'il se contente de vivre dans une minuscule maison à Ramatuelle, surtout si on réalise qu'elle ne dépasse pas les 28 mètres carrés. Notons bien que Monsieur Hubert a plusieurs atouts: d'abord un flair exceptionnel pour ce qui est beau et rare et puis un talent fou pour la décoration. Décorer sa maison ne lui posa aucun problème, et Serge trépignait d'envie de montrer à ses amis comment il allait maîtriser les limitations de cet espace. Ayant eu tout d'abord l'audace de diviser cette pièce unique en deux parties à l'aide d'un paravent, il eut ensuite le courage d'ajouter une paire de canapés-lits signés de sa main, une table et quelques sièges formant un coin «salle à manger». Et comme il a aussi le goût des beaux objets, une sélection de pièces Art Déco firent le voyage entre sa boutique de Paris et son «cagibi» de Ramatuelle. Voilà la raison pour laquelle nous y trouvons une horloge en verre églomisé de Jacques Adnet, une commode gainée de miroirs signée Jansen, un luminaire d'Alberto Giacometti et un plat en Vallauris signé Picasso, offert à Serge par sa fille Paloma. On ne saurait nier le «chic» de cette maison lilliputienne, mais elle a aussi ce côté romantique si propre aux vieilles maisons provençales, surtout lorsqu'un soleil tardif inonde la chambre et que le ciel au-dessus de Ramatuelle se colore de reflets oranges.

CI-DESSUS: *Un zèbre charmant signé Colette Gueden a trouvé sa place sur une table basse, devant le paravent en fer forgé 1930 d'après un dessin de Jean Cocteau.*

ABOVE: *A charming zebra created by Colette Gueden has found a home on a low table in front of the Thirties wrought-iron screen, adapted from a drawing by Jean Cocteau.*

OBEN: *Auf einem niedrigen Tisch vor dem schmiedeeisernen Paravent von 1930, angefertigt nach einer Zeichnung von Jean Cocteau, hat das hübsche Zebra von Colette Gueden Platz gefunden.*

The antique dealer Serge Hubert must adore the South of France to be content to live in this minuscule house at Ramatuelle, especially when one realises that it measures no more than 28 square metres. Of course, Monsieur Hubert holds several trump cards: first, an exceptional flair for discovering rare and beautiful things, and, second, an amazing talent for interior design. Decorating his house posed no problem, and Serge could not wait to show his friends how he managed to overcome the limitations of this tiny space. Having first had the nerve to use a screen to divide the one single room into two, he was then brave enough to add a pair of sofa-beds of his own design, plus a table and chairs to create a dining area. As he is also a lover of objets d'art, some fine Art Déco pieces found their way from his Paris shop to his "little hut" at Ramatuelle. So we find here a "verre églomisé" clock by Jacques Adnet, a Jansen chest of drawers covered with mirrors, a lamp by Alberto Giacometti, and a plate from the Vallauris pottery designed by Picasso, a gift to Serge from the artist's daughter Paloma. No one can deny that this lilliputian house is "chic", but it also possesses all the romance of old Provençal houses, especially when the evening sun floods the room and the sky above Ramatuelle is streaked with orange.

A DROITE: *Monsieur Hubert avec sa fidèle chienne Dixie.*

RIGHT: *Monsieur Hubert with his faithful dog Dixie.*

RECHTS: *Monsieur Hubert mit seiner treuen Hündin Dixie.*

Wer sich wie der Kunsthändler Serge Hubert damit begnügt, im »Midi« ein winziges Häuschen von nur 28 Quadratmetern zu bewohnen, muß diesen Landstrich wohl über alles lieben. Allerdings hat Monsieur Hubert entscheidende Trümpfe in der Hand: zum einen ein vorzügliches Gespür für schöne und ausgefallene Dinge, zum anderen ein unglaubliches Talent für Dekoration. So fiel es ihm leicht, das Häuschen einzurichten, und er konnte es kaum erwarten, seinen Freunden endlich vorzuführen, wie er aus der Not eine Tugend hatte machen können. Nachdem er zunächst den einzigen Raum mit einem Paravent unterteilt hatte, stellte er zwei selbst entworfene Bett-Sofas hinein und gestaltete aus einem Tisch und einigen Stühlen ein »Eßzimmer«. Weil Serge Hubert die schönen Dinge schätzt, brachte er einige herrliche Art Déco-Stücke aus seiner Galerie in Paris nach Ramatuelle. Und so finden wir hier eine von Jacques Adnet verzierte Glasuhr, eine verspiegelte Kommode von Jansen, eine Lampe von Alberto Giacometti und eine Schale von Picasso aus Vallauris – ein Geschenk von dessen Tochter Paloma an Serge Hubert. Dieses Zwergenhäuschen ist nicht nur »chic«, es besitzt auch den speziellen romantischen Charme eines alten provenzalischen Hauses, der einen geradezu gefangennimmt, wenn die Nachmittagssonne das Zimmer durchflutet und die Sonne über Ramatuelle sich allmählich orange färbt.

En voyant ce salon élégant, on a peine à croire qu'il s'agit d'une pièce de 28 mètres carrés, d'autant plus que le paravent divise l'espace en deux parties. Les canapés ont été réalisés d'après un dessin de Serge Hubert. Sur la table ronde 1930, l'antiquaire a placé un vase signé Man Ray.

It is hard to believe that this elegant room, divided in two by a screen, only measures 28 square metres. The sofas were made to Serge Hubert's own design. The vase on the round Thirties table is by Man Ray.

Angesichts dieses eleganten Salons ist kaum vorstellbar, daß man sich hier auf nur 28 Quadratmetern bewegt, zumal der Paravent den Raum auch noch teilt. Die Sofas wurden nach einem Entwurf Serge Huberts gefertigt. Auf dem runden Tisch von 1930 eine Vase von Man Ray.

A GAUCHE: *Hubert a
recréé l'élégance d'un
intérieur typiquement
parisien: meubles de
Jacques Adnet, lampe
italienne 1950, un por-
trait par Christian
Bérard et un miroir en
forme de soleil signé
Line Vautrin .*
PAGE DE DROITE:
*Paloma Picasso a offert
à Serge Hubert ce plat
en Vallauris décoré d'un
dessin de son père. La
commode gainée de
miroirs est de Jansen,
l'horloge en verre églo-
misé de Jacques Adnet.*

LEFT: *Hubert has
recreated all the ele-
gance of a Parisian inte-
rior: furniture by
Jacques Adnet, a Fifties
Italian lamp, a portrait
by Christian Bérard
and a sun-shaped mir-
ror by Line Vautrin.*
FACING PAGE: *The
Vallauris pottery plate
with a Picasso design
was a gift to Serge
Hubert from the artist's
daughter Paloma. The
mirror-covered chest of
drawers is by Jansen
and the "verre églomisé"
clock is by Jacques
Adnet.*

LINKS: *Das Interieur
zeugt von Pariser Ele-
ganz: Möbel von Jac-
ques Adnet, eine italie-
nische Lampe von 1950,
das Porträt stammt von
Christian Bérard, der
sonnenförmige Spiegel
von Line Vautrin.*
RECHTE SEITE: *Die
Schale von Picasso aus
Vallauris ist ein Ge-
schenk von Paloma
Picasso. Die verspiegelte
Kommode stammt von
Jansen, die Uhr wurde
von Jacques Adnet mit
Hinterglasmalerei ver-
ziert.*

AKKO VAN ACKER

Côte d'Azur

Il y a bien 30 ans que le célèbre antiquaire néerlandais Akko van Acker tomba amoureux de la Côte d'Azur, et même si Akko choisit plus tard de s'établir à Paris, il n'oublia jamais son premier magasin à Saint-Tropez et les beaux étés inondés de soleil. Plus fort encore, le «Hollandais parisien» – ou le «Parisien hollandais» – y dénicha très tôt un beau cabanon de luxe. Les vraies personnalités sont plutôt rares dans le métier d'antiquaire, et parmi ceux qui se sont distingués par leur goût incomparable figure le nom de van Acker. Précisons que son style est caractérisé par un penchant pour le «grandiose» et pour les meubles et les objets aux proportions généreuses. Akko déteste la mièvrerie et on soupçonne que chez ce Hollandais élégant tout doit être à sa taille. Dans sa maison du Midi, les formes généreuses sont omniprésentes; dès que l'on s'approche du jardin, on est confronté avec des statues et de puissants fragments architecturaux. Pourtant, ce qui séduit le plus dans ce jardin, c'est son côté sauvage et son petit air désinvolte. A l'intérieur, Akko a su évoquer le même naturel et la même nonchalance, et le décor n'a rien de recherché. L'exception confirme la règle et pour bien montrer la justesse de cet adage, Akko a posé un «petit» objet rare sur une console: une rose séchée offerte par une amie disparue dont il veut garder le souvenir précieux ...

DOUBLE PAGE PRE-CEDENTE: *Le jardin sauvage est doté d'une pergola qui s'effondre sous le poids du feuillage envahissant.*
CI-DESSUS: *Un puissant cerf de pierre accueille les visiteurs près de l'entrée.*

PREVIOUS DOUBLE PAGE: *In the untamed garden, a pergola almost disappears beneath the weight of overgrown foliage.*
ABOVE: *Visitors are greeted by a massive stone stag beside the entrance.*

VORHERGEHENDE DOPPELSEITE: *Im Garten befindet sich eine Laube, die dem Blattdickicht kaum gewachsen ist.*
OBEN: *Ein stattlicher Hirsch begrüßt die Besucher am Eingang.*

It is a good thirty years since the famous Dutch antique dealer Akko van Acker began his love affair with the Côte d'Azur. Although he later decided to settle in Paris, he never forgot those wonderful summers and his first shop at Saint-Tropez. Better still, the "Dutch Parisian" soon came across a delightful luxury cottage. There are not too many real "characters" in the world of antiques, but the name of van Acker figures among those famed for their incomparable taste. His style is characterised by a penchant for the "grandiose" and for furniture and objects of generous proportions. Akko loathes anything twee and pretty-pretty and one suspects that the elegant Dutchman's preferences are influenced by the fact that he himself is on the tall side. As you approach the garden, you are met with large statues and architectural fragments. However, the strongest appeal of the garden is its wild, untamed feel. Inside the house, Akko has succeeded in creating the same natural, relaxed atmosphere and there is nothing "recherché" about the décor. The exception proves the rule, however, and on top of a pile of books lies a much-cherished object: a dried rose which was a gift from a late and much-loved friend, now dead.

A DROITE: *Un portrait a été suspendu à côté de la cheminée. La lampe trompe-l'œil crée l'illusion de quelques livres anciens empilés.*
DOUBLE PAGE SUIVANTE: *le jardin.*

RIGHT: *A portrait hangs beside the fireplace. The "trompe l'oeil" lamp creates the illusion of a pile of old books.*
FOLLOWING PAGES: *the garden.*

RECHTS: *Das Porträt hängt gleich neben dem Kamin. Der Lampenfuß ist als Bücherstapel gestaltet.*
FOLGENDE DOPPELSEITE: *der verwunschene Garten.*

Vor gut dreißig Jahren verliebte sich der bekannte holländische Kunsthändler Akko van Acker in die Côte d'Azur. Auch als er später in Paris lebte, vergaß er doch nie sein erstes Geschäft und die schönen Sommer in Saint-Tropez. Dort entdeckte der »holländische Pariser« oder »Pariser Holländer« bald ein herrliches Ferienhäuschen. Nur wenige Kunsthändler verfügen über einen ausgeprägten individuellen Stil und exzellenten Geschmack. Zu ihnen zählt mit Sicherheit auch van Acker. Er hat einen Hang zum »Grandiosen« und bevorzugt Möbel mit großzügigen Proportionen. Mittelmäßiges indes ist dem eleganten Holländer ein Greuel, und alles um ihn herum muß seinem Format entsprechen. Überall in seinem Haus im »Midi« begegnet man üppigen Formen, und schon auf dem Weg durch den ungezähmten und verwilderten Garten stößt man auf Statuen und imposante, antike Architekturfragmente. Ohne daß es inszeniert wirkt, ist es Akko gelungen, eine ebenso natürliche wie nonchalante Atmosphäre in seinem Haus zu schaffen. Ausnahmen bestätigen diese Regel, und so hat Akko absichtlich eine getrocknete Rose auf einem Bücherstapel plaziert, die ihm eine inzwischen verstorbene Freundin geschenkt hat, derer er sich gern erinnert …

A GAUCHE: *Sur la terrasse, des jarres en terre cuite sont disposées à l'ombre des lauriers-roses.*

LEFT: *On the terrace, terracotta jars stand in the shade of the oleanders.*

LINKS: *Auf der Terrasse stehen im Schatten der Oleander Tongefäße.*

PAGE DE GAUCHE: *Sur les livres, Akko a posé une rose séchée, cadeau d'une amie regrettée.*

CI-DESSUS: *Dans le grand salon, l'antiquaire a accroché un superbe miroir Régence au-dessus de la cheminée Louis XV.*

A DROITE: *Sur une console, deux petits pieds en terre cuite d'époque romaine ont enfin trouvé le repos.*

FACING PAGE: *On the books, Akko has placed a dried rose, a gift from a late friend.*

ABOVE: *A superb Regency mirror hangs above the drawing room's Louis XV fireplace.*

RIGHT: *Two little terracotta feet from the Roman era have finally come to rest on a console.*

LINKE SEITE: *Auf den Büchern liegt eine getrocknete Rose, das Geschenk einer verstorbenen Freundin.*

OBEN: *Im großen Salon hat der Kunsthändler über dem Louis XV-Kamin einen wunderbaren Régence-Spiegel angebracht.*

RECHTS: *Auf einer Konsole haben zwei kleine tönerne Füße aus römischer Zeit ihren Platz gefunden.*

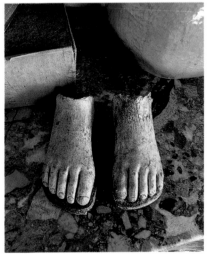

FRÉDÉRIC MÉCHICHE

Côte d'Azur

On a beaucoup écrit sur Frédéric Méchiche et, petit à petit, est apparu le portrait d'un décorateur exceptionnel, passionné par la «réinvention» du passé. Dans une des rues sinueuses du vieux Hyères, il a trouvé une perle rare, une maison de pêcheur datant du 18ᵉ siècle, mais comme ce perfectionniste invétéré ne se contente que très rarement d'une architecture authentique, il s'est mis à la tâche pour accentuer toute la gamme des traces de négligence que l'on peut trouver dans une maison. Ajoutons un mobilier 18ᵉ siècle et des objets bien choisis aux formes merveilleusement simples, et la décoration est complète … peut-être pour le commun des mortels … mais pas pour Frédéric Méchiche qui lui reprochait l'absence d'une certaine pureté. Et puis, le jour vint où l'architecte prit la décision de faire volte-face et de retourner au dépouillement … Le résultat est un mariage subtil entre le monde ensoleillé de Marcel Pagnol et les pâles couleurs du Nord. Après tout, Méchiche est un méditerranéen et s'il a remplacé la «toile de Jouy» par une grosse toile de lin et qu'il préfère désormais le bleu froid à l'ocre rose, il est resté fidèle à cette merveilleuse région de France où il fait bon marcher pieds nus sur les tomettes et faire la sieste sous la tonnelle envahie de glycines.

Much has been written about Frédéric Méchiche and gradually there has emerged a picture of an exceptional interior decorator with a passion for "reinventing" the past. In one of the winding streets of old Hyères, he discovered a rare pearl, an 18th-century fisherman's house. But since this incurable perfectionist is seldom content to leave things as they are, he set about the task of accentuating all the signs of neglect in the house. Ordinary mortals might simply have completed the décor by adding 18th-century furniture and carefully chosen objects. For Frédéric Méchiche, however, the place needed a more peaceful ambiance and so he decided to do an about-turn by recreating the original stark decor. The result is a subtle blend of the sunlit world of Marcel Pagnol and the pale colours of the north. Méchiche, who is, after all, a true Mediterranean, has replaced the "toile de Jouy" with heavy linen. Preferring cool blue to pink ochre, he has remained faithful to this glorious region of France, where life's pleasures include walking barefoot on the red terracotta floor tiles and taking a siesta under an arbour of wisteria.

Aus allem, was über Frédéric Méchiche bekannt ist, ergibt sich das Bild eines ungewöhnlichen Innenarchitekten, der sich für »die Vergangenheit« engagiert. In einer der gewundenen Altstadtgassen von Hyères hat er ein wirkliches Schmuckstück gefunden, ein Fischerhaus aus dem 18. Jahrhundert. Als unverbesserlicher Perfektionist gibt er sich allerdings mit einem alten Gebäude allein nicht zufrieden, sein Ziel ist es, alle authentischen Spuren des Alters, die sich an einem Bau finden, besonders hervorzuheben. Ein altes Haus mit Möbeln aus dem 18. Jahrhundert einzurichten oder mit auserlesenen, schlicht geformten Objekten zu schmücken, derlei stellt sich ein Laie unter der Dekoration eines Gebäudes vor. Nicht so Frédéric Méchiche, der solche Vorstellungen als oberflächlich verurteilt. So kam der Tag, an dem er allen Schnickschnack entfernt hatte und zum ursprünglich schlichten Kern des Hauses vordrang. Das Ergebnis ist eine wunderbare Mischung aus der sommerlichen Welt Marcel Pagnols und den blassen Farben des Nordens, schließlich stammt Méchiche aus dem Mittelmeerraum. Wenn er die »Toile de Jouy« gegen grobes Leinen tauscht und kühles Blau statt Ockerrosa wählt, bleibt er den Traditionen dieser herrlichen Landschaft Frankreichs treu, in der man meist barfuß geht und seine Siesta unter einer Glyzinienlaube hält.

A GAUCHE: *Des moules à gâteau anciens ornent les murs de la cuisine. Les carrelages verts sont typiques de cette région.*
PAGE DE DROITE: *Frédéric a peint lui-même les murs de son entrée avec tout juste cette touche d'imperfection qui crée l'illusion de l'authenticité.*

LEFT: *The kitchen walls are adorned with antique cake tins. The green tiles are typical of the region.*
FACING PAGE: *Frédéric painted the walls himself with just a touch of imperfection to create an illusion of authenticity.*

LINKS: *Die Küchenwand ist mit alten Backformen geschmückt. Die grünen Kacheln sind typisch für diese Region.*
RECHTE SEITE: *Die Wände des Eingangflurs hat Frédéric unregelmäßig gestrichen, um den Eindruck von Authentizität zu erwecken.*

PAGE DE GAUCHE:
Dans le séjour, le sol en tomettes du 18e siècle est authentique mais le plafond et les murs portent la signature du maître de maison. La table-guéridon et la citerne en faïence sont début 19e siècle.

FACING PAGE: *The 18th-century tiled floor in the living room is genuine, but the walls and ceiling bear the signature of the owner. The pedestal table and the faïence urn date from the early 19th century.*

LINKE SEITE: *Der Steinboden ist aus dem 18. Jahrhundert, während Decke und Wände die Hand des Hausherrn verraten. Beistelltisch und Wasserbehälter aus Keramik stammen aus dem frühen 19. Jahrhundert.*

CI-DESSUS: *Le séjour se trouve au dernier étage, et dans cette pièce biscornue aux dimensions modestes, Méchiche a créé l'illusion parfaite d'un décor d'époque. La bergère Louis XVI est recouverte d'une simple toile de lin et le miroir Directoire reflète l'unique fenêtre.*

ABOVE: *The living room is on the top floor and in this crooked little room, Méchiche has created the perfect illusion of period décor. The Louis XVI wing armchair has a plain linen cover and the Directoire mirror reflects the room's only window.*

OBEN: *Das Wohnzimmer liegt im ersten Stock. In diesem eher kleinen, ungewöhnlich geschnittenen Raum ist Méchiche die Rückkehr in die Vergangenheit perfekt gelungen. Der gepolsterte Louis XVI-Lehnstuhl wurde mit einfachem Leinen bezogen, während der Directoire-Spiegel das einzige Fenster verdoppelt.*

Une armoire encastrée,
que le maître de maison
a dotée de portes datant
du 18e siècle, abrite une
collection de porcelaines
19e. Sur les murs, signés
Méchiche, on aperçoit
un médaillon en staff et
une applique Directoire
en tôle.

The built-in cupboard,
to which Méchiche has
added 18th-century
doors, houses a collec-
tion of 19th-century
porcelain. On the wall
are a plaster medallion
and a Directoire wall
lamp in sheet metal.

Im Wandschrank, an
dem der Hausherr
Türen aus dem 18. Jahr-
hundert angebracht hat,
befindet sich eine
Sammlung von Porzel-
lan aus dem 19. Jahr-
hundert. Die von
Méchiche gestrichene
Wand schmücken ein
Stuckmedaillon und
eine Directoire-Wand-
lampe aus Metall.

«*Ces merveilleuses fenêtres ouvertes, derrière lesquelles le ciel est bleu comme les yeux de Matisse derrière ses lunettes.*»

"*These wonderful open windows, behind which the sky is as blue as Matisse's eyes behind his spectacles.*"

»*Diese herrlich offenen Fenster, hinter denen der Himmel so blau ist wie die Augen von Matisse hinter seiner Brille.*«

LOUIS ARAGON

LA BUISSAIE

Côte d'Azur

En passant devant La Buissaie, on voit un mur en grosses pierres couvert de lierre, et au-delà de ce mur on distingue à peine quelques fenêtres aux volets bleus. Tout juste ce qu'il faut pour faire naître l'image d'une maison romantique et de son vieux jardin. La Buissaie répond parfaitement à cette image. Entourée d'un ravissant jardin, cette modeste maison de campagne datant du début du 19e siècle a tout pour plaire aux âmes nostalgiques. Regardez l'entrée avec ses murs ocre jaune et son escalier en colimaçon et entrez dans la cuisine avec ses murs carrelés bleu et blanc, ses volets assortis et sa table ronde revêtue d'une nappe à carreaux … Le metteur en scène et le décorateur de théâtre qui ont acheté la propriété ont été charmés par les volets, les cheminées en pierre, les sols en tomettes et la vieille fontaine. En quelque sorte, les nouveaux maîtres de La Buissaie allaient pouvoir exercer leur métier et mettre en scène une vraie maison. Ils étaient bien d'accord pour ne pas en faire une vitrine servant à exposer leurs talents. Comme ils aiment la simplicité, ils ont garni la maison de quelques vieux meubles et de trouvailles sans prétention dénichées chez les brocanteurs. Et voilà une maison composée de couleurs et de parfums, où le bleu et l'ocre, le vert et le blanc se marient à l'arôme du thym, de la sarriette, de la lavande et du romarin …

As you pass alongside La Buissaie, you see a rough stone wall covered with ivy and, beyond it, you catch no more than a glimpse of a few windows with blue shutters. Just what you expect when you conjure up the idea of a romantic house set in a mature garden. La Buissaie fits the image to perfection. This modest, early 19th-century house, in its enchanting garden, is the stuff of nostalgic dreams. Look at the hallway with its yellow ochre walls and its spiral staircase. Walk into the kitchen with its blue and white tiles, blue shutters and round table with its chequered cloth. The theatre director and set designer who bought the property were both captivated by the blue shutters and stone fireplaces, the red-tiled floors and the old fountain. For the new owners of La Buissaie, it was an opportunity to practise their craft and create a home to live in. At the same time, both agreed they did not want to turn the place into a shop window in which to display their talents. As they like to keep things simple, they only added a few old pieces of furniture and unpretentious bits and pieces picked up in secondhand shops. The result is a house full of colour and fragrant smells, where blue and ochre, green and white intermingle with the scent of thyme, savory, lavender and rosemary.

Steht man vor La Buissaie, so fallen zunächst die efeubewachsenen Mauern auf, und jenseits davon lassen sich einige Fenster mit blauen Läden ausmachen. Dieses schlichte Landhaus aus dem frühen 19. Jahrhundert entspricht mit seinem herrlichen Garten genau der Vorstellung, die man sich gemeinhin von einem romantischen Haus macht. Man betrachte nur den ockergelben Hausflur mit der Wendeltreppe oder die blauweißgekachelte Küche mit den blauen Fensterläden, der karierten Tischdecke … Die Besitzer dieses Anwesens, ein Regisseur und ein Bühnenbildner, waren besonders von den blauen Fensterläden, den Kaminen, den Terrakottafliesen und dem alten Brunnen angetan. In gewisser Weise kommt den neuen Eigentümern von La Buissaie ihr Beruf entgegen, können sie hier ein Haus doch geradezu inszenieren. Man war sich einig, kein Vorzeigeobjekt schaffen zu wollen. Da beide das Einfache lieben, richteten sie ihr Haus mit einigen alten Möbeln und Fundstücken vom Flohmarkt ein. Sie schufen ein Haus voller Farben und Düfte, in dem Blau und Ocker, Grün und Weiß mit den würzigen Gerüchen von Thymian, Bohnenkraut, Lavendel und Rosmarin harmonieren.

A GAUCHE: *Une très
ancienne terrasse cou-
verte abrite le bois de
chauffage et un coin-
repas.*
PAGE DE DROITE:
*Dans la cuisine, le bleu
et le blanc dominent.
Les murs sont carrelés,
et l'alcôve abrite une
banquette encastrée.*

LEFT: *A very old cov-
ered terrace provides
protection for firewood
as well as a dining area.*
FACING PAGE: *Blue
and white are the pre-
dominant colours in the
kitchen. The walls are
tiled and a "banquette"
has been built into the
alcove.*

LINKS: *Die Überda-
chung der alten Terrasse
schützt das Kaminholz
und die Eßecke.*
RECHTE SEITE: *In
der Küche dominieren
Blau und Weiß. Die
Wände sind gekachelt,
im Alkoven wurde eine
Sitzbank eingerichtet.*

« Il faut tellement que tu connaisses ce pays d'été! J'y retrouve cette chaleur éventée, ces nuits fraîches qui m'ont conquise l'été dernier. Ma maison … oui, il y a ma maison. Elle n'est pas prête. Mais ça n'a aucune importance. S'il le faut, j'habite avec une lampe à pétrole, deux matelas et nos maillots de bain. »

"You really must get to know this part of the world in summer! I have rediscovered here the oppressive heat and cool nights which so enchanted me last year. My house … yes, there is my house. It is not ready yet. But no matter. If need be, I can live with an oil lamp, two mattresses and our bathing costumes."

» Dieses Sommerland mußt Du unbedingt kennenlernen. Die feuchte Hitze und die kühlen Nächte. Mein Haus … ja, hier ist mein Haus. Es ist noch nicht fertig. Aber das ist völlig egal. Wenn's sein muß, genügen uns eine Petroleumlampe, zwei Matratzen und unsere Badeanzüge. «

COLETTE
Lettre à Léo Marchand · Letter to Léo Marchand · Brief an Léo Marchand

A GAUCHE: *Sur le palier du premier étage, on aperçoit la porte bleue qui s'ouvre sur la chambre à coucher et le sol couvert de tomettes.*
PAGE DE DROITE: *L'escalier en colimaçon dessert l'étage et le grenier.*

LEFT: *From the first-floor landing, a blue door opens into the bedroom with its red terracotta floor tiles.*
FACING PAGE: *The spiral staircase leads to the first floor and attic.*

LINKS: *Vom Treppenabsatz im ersten Stock aus fällt der Blick auf die blaue Tür, die in das mit Terrakottaplatten gefliese Schlafzimmer führt.*
RECHTE SEITE: *Die Wendeltreppe führt zum ersten Stock und auf den Speicher.*

A DROITE: *L'entrée et la cage d'escalier ont été badigeonnées d'ocre jaune. La console est une création «artistique» des habitants, les appliques en tôle et le miroir ont été trouvés chez les brocanteurs.*

RIGHT: *The hall and stairwell have been colour-washed in yellow ochre. The console is an "artistic" composition by the two owners, while the sheet-metal wall lamps and the mirror were unearthed in secondhand shops.*

RECHTS: *Flur und Treppenhaus wurden ockergelb gestrichen. Eine »Schöpfung« der Hausbesitzer ist die Konsole, während die Metallampen und der Spiegel Fundstücke vom Flohmarkt sind.*

EAN-PAUL THOMAS

Côte d'Azur

Au début, ce n'était qu'un modeste cabanon d'une seule pièce entouré d'un bout de terrain aux dimensions réduites, mais ce qui séduisait le visagiste Jean-Paul Thomas, c'était sa position en «nid d'aigle» perché sur un promontoire rocheux et la vue qu'il offrait sur la mer et sur une des baies les plus pittoresques de la Côte d'Azur. Thomas est un homme sans détours, et si de par son métier il fréquente le monde de la mode et du théâtre, il ne rêve en réalité que d'une vie calme. A Paris, c'est lui qui décide de la gamme de couleurs qui embellira les «stars», mais sur la Côte il préfère s'occuper des transformations de son «cagibi». Jean-Paul a un grand avantage: il est très ami avec Frédéric Méchiche, le célèbre architecte d'intérieur; il est d'ailleurs prêt à avouer que sans le talent de Méchiche, l'agrandissement de son cabanon aurait pu tourner au désastre, que la minuscule bâtisse carrée aurait pu se transformer en un hybride bizarre. Aujourd'hui elle s'est métamorphosée en une maison aux lignes pures et classiques. Même si le ton est au dépouillement et à l'austérité, la maison n'a rien perdu de son ambiance accueillante. Bien sûr, nous y trouvons plein d'accents typiquement Méchiche, mais aussi les objets préférés du maître de maison, tels que des photos, des aquarelles et des natures mortes en coquillages, qui ont transformé ce cabanon en une demeure enviable.

A GAUCHE: *Devant la maison, Méchiche a créé une terrasse modeste qui permet de profiter au maximum de la vue et du soleil.*

LEFT: *In front of the house, Méchiche has created a small terrace from which to enjoy the view and the sunshine to the full.*

LINKS: *Vor dem Haus hat Méchiche eine schlichte Terrasse angelegt, auf der man die Aussicht und die Sonne genießen kann.*

It began as a modest cottage with just one room, surrounded by a small plot of land. But what attracted make-up artist Jean-Paul Thomas to the little house was its location, perched like an eagle's nest on a rocky promontory, with a view of the sea and one of the Côte d'Azur's most picturesque bays. Thomas is a straightforward kind of chap, and while, professionally, he moves in the world of fashion and theatre, all he really wants is a quiet life. In Paris, he has to decide what colour cosmetics women will wear, but here on the coast he prefers to spend time transforming his "little hut". With the help of his friend Frédéric Méchiche, the famous interior designer, he has transformed the tiny square building into a house with pure, classic lines, but even if the accent is on simplicity and austerity, the place has lost none of its welcoming atmosphere. Of course, along with the owner's favourite objects, like photos, watercolours and still lifes made from shells, there are plenty of typical Méchiche touches. A whole series of aesthetically pleasing and well-chosen bits and pieces have turned this simple little house into an enviable place to live.

A DROITE: *Haut perché, le cabanon offre une vue magnifique sur la baie.*

RIGHT: *Perched on a rocky promontory, the cottage has a magnificent view across the bay.*

RECHTS: *Die Lage des Häuschens auf dem Felsvorsprung bietet eine herrliche Aussicht auf die Bucht.*

Ursprünglich gab es auf dem knapp bemessenen Grundstück nur eine kleine Hütte mit einem einzigen Zimmer, doch der Visagist Jean-Paul Thomas war von der Lage begeistert: dem Blick aus einem Adlerhorst vergleichbar eröffnet sich hier freie Sicht auf das Meer und eine der schönsten Buchten der Côte d'Azur. Thomas ist ein gradliniger Mensch, und obwohl ihn sein Beruf ständig in die turbulente Welt der Mode und des Theaters führt, träumt er eigentlich von einem ruhigen Leben. In Paris entscheidet er mit, welches Make-up die Frauenwelt demnächst trägt, an der Côte d'Azur kümmert er sich lieber um die Verschönerung seiner »Hütte«. Dabei kommt ihm seine enge Freundschaft mit dem berühmten Innenarchitekten Frédéric Méchiche sehr zugute. Ohne dessen Talent hätte die Vergrößerung des Häuschens ein Fehlschlag werden können, und das niedliche quadratische Gebäude wäre vielleicht völlig verbaut worden. Mittlerweile wurde es in ein Haus mit klaren klassischen Linien verwandelt. Auch wenn es auf Anhieb schlicht und streng wirkt, ist die Atmosphäre dennoch sehr einladend. Natürlich finden sich hier viele Einflüsse von Méchiche, aber die Lieblingsobjekte des Hausherrn, wie Fotos, Aquarelle oder Stilleben aus Muscheln, sind nicht zu übersehen. Viele geschmackvolle Fundstücke trugen mit dazu bei, aus einer Hütte ein beneidenswertes Zuhause zu machen.

A GAUCHE: *Près de la propriété, un plateau sert de belvédère.*

LEFT: *A plateau close to the house provides a panoramic viewpoint.*

LINKS: *Ein Plateau in der Nähe des Hauses dient als Aussichtspunkt.*

A GAUCHE: *Dans le séjour considérablement agrandi, Frédéric Méchiche a pu tirer le meilleur parti du dessin délicat des anciens meubles de jardin et de quelques sièges 19e. Les fenêtres arrondies portent également sa signature.*

DOUBLE PAGE SUI-VANTE: *Dans la maison de Jean-Paul Thomas dominent les lignes épurées.*

LEFT: *In the much-extended living room, Frédéric Méchiche has been able to exploit the delicate design of antique garden furniture and some 19th-century chairs. He also designed the rounded windows.*

FOLLOWING PAGES: *Jean-Paul Thomas' house is dominated by flawless lines.*

LINKS: *Den beträchtlich erweiterten Wohnraum möblierte Méchiche mit einer wunderbaren Auswahl alter Gartenmöbel und Sessel aus dem 19. Jahrhundert. Auch die Rundfenster hat er entworfen.*

FOLGENDE DOPPEL-SEITE: *Im Haus von Jean-Paul Thomas dominieren klare Linien.*

Le Cabanon

Ricardo Wilhelmsen

Côte d'Azur

Ricardo Wilhelmsen doit avoir un sixième sens, car il possède un don exceptionnel pour découvrir les plus beaux coins cachés de la Côte d'Azur. Il se souvient encore dans le moindre détail de sa première rencontre avec Le Cabanon, un ancien gîte d'artiste datant de la fin du 19ᵉ siècle, perché sur les hauteurs d'une colline et qui offre une vue magnifique sur la mer et sur une île lointaine. Sa trouvaille une fois acquise, Wilhelmsen fut confronté avec un véritable travail de Sisyphe et avec la question brûlante: comment aménager une maisonnette vétuste? Fallait-il opter pour un style «méditerranéen» sophistiqué, lui donner de faux airs de villa italienne, ou fallait-il choisir la simplicité et lutter pour préserver tous les détails authentiques? Les travaux terminés, Wilhelmsen se félicite d'avoir vu juste et traité Le Cabanon comme une retraite campagnarde un peu primitive. Primitive dans le sens positif du mot, bien sûr, avec des sièges au charme suranné, une multitude de vieilles lanternes, un vieux banc de jardin et une table provençale rustique. L'ensemble émanant l'honnêteté des vraies maisons de campagne et dont certains détails sans prétention – une branche de géranium dans une carafe, des châssis de fenêtre et des volet bleus – valent plus que toutes les richesses du monde.

Ricardo Wilhelmsen must have eyes like a hawk, for he has succeeded in discovering some of the most charming hidden corners of the Côte d'Azur. Even now, he can still remember, down to the last detail, his first encounter with Le Cabanon, an artist's hideaway dating from the end of the 19th century, perched high on a hill with a glorious view of the sea and a distant island. Once he had bought his "lucky find", Wilhelmsen was faced with the daunting prospect of adapting the little house to his needs. The burning question was what to do with this tiny single-storey building. Should he opt for a sophisticated "Mediterranean" style, creating the impression of an Italian villa? Or was it best to go for simplicity and strive to preserve all the authentic detail? When work was completed, Wilhelmsen congratulated himself on having made the right choice in treating Le Cabanon as a rather primitive country retreat. It is indeed primitive, but in a positive sense, with chairs radiating old-fashioned charm, a multitude of old lanterns, an ancient garden seat and a rustic Provençal table. The whole arrangement reflects the honest simplicity of a real country cottage, where unpretentious details, such as the blue window frames and shutters, are worth more than all the luxury in the world.

Ricardo Wilhelmsen scheint über einen guten Spürsinn zu verfügen, und er hat ein Faible für die schönsten abseits gelegenen Ecken der Côte d'Azur. Noch immer kann er sich an jedes Detail seines ersten Besuchs erinnern. Die ehemalige Künstlerherberge, Ende des 19. Jahrhunderts erbaut, befindet sich auf einem Hügel, der eine wunderbare Aussicht aufs Meer und eine entfernte Insel eröffnet. Als Wilhelmsen das Schmuckstück schließlich sein eigen nennen konnte, begann für ihn eine wahre Sisyphusarbeit, und es stellte sich die Frage, wie das baufällige, einstöckige Haus einzurichten sei. Mondän und im mediterranen Stil wie eine italienische Villa oder schlicht und dabei möglichst viele ursprüngliche Details erhaltend? Als die Renovierungsarbeiten endlich abgeschlossen waren, konnte Wilhelmsen erleichtert feststellen, daß er gut daran getan hatte, Le Cabanon wie ein einfaches Landhaus einzurichten: ein Sessel von leicht verblichenem Charme, viele alte Laternen, eine schlichte Gartenbank und ein rustikaler, provenzalischer Tisch. Das Ambiente besitzt ländliches Flair, und manche Details, wie der Strauß Geranien in einer Karaffe, die blauen Fensterrahmen und -läden, strahlen – ohne aufgesetzt zu wirken – mehr aus als alle Reichtümer dieser Welt.

Devant la maison,
Wilhelmsen a posé
une chaise longue fin
de siècle et un banc 19e
en ciment qui évoque
les formes sinueuses
des branches et des
troncs d'arbres.

In front of the house,
Wilhelmsen has
arranged a fin-de-siècle
chaise-longue and a
19th-century concrete
garden seat, evoking the
sinuous lines of tree
trunks and branches.

Vor dem Haus hat Wil-
helmsen eine Liege aus
der Zeit der Jahrhun-
dertwende und eine
Zementbank mit astför-
mig geschwungenen
Streben aus dem 19.
Jahrhundert aufgestellt.

A GAUCHE: *Les murs blanchis à la chaux et le sol garni de tomettes accueillent de robustes meubles campagnards, une très belle chaise provençale et une lanterne frivole, dans le style «chinoiserie».*
PAGE DE DROITE: *la même pièce sous un autre angle. Ici, Ricardo Wilhelmsen a rassemblé une table en rotin dotée d'un plateau en bois et d'insolites lanternes en métal. En été, les nattes de paille sont déroulées au-dessus de la porte et des fenêtres.*

LEFT: *The whitewashed walls and the red-tiled terracotta floor are the perfect setting for robust rustic furniture, a very fine Provençal chair and an amusing "chinoiserie" lantern.*
FACING PAGE: *the same room from a different angle. Here, Ricardo Wilhelmsen has arranged a cane table with a wooden top and some unusual metal lanterns. In summer, the straw matting is rolled down over the door and windows.*

LINKS: *Weiß gekalkte Wände und Terrakottafliesen harmonieren mit robusten ländlichen Möbeln wie dem sehr schönen provenzalischen Stuhl und der originellen Laterne im »China«-Stil.*
RECHTE SEITE: *eine weitere Ansicht desselben Raums. Hier hat Ricardo Wilhelmsen einen Korbtisch mit Holzplatte und ungewöhnliche Metallaternen versammelt. Im Sommer läßt er die aufgerollten Strohmatten über Tür und Fenster herab.*

Dans le salon, le fauteuil en rotin et le mobilier en bois rustique contrastent agréablement avec le banc et les chaises provençales, peintes en bleu vif.

In the drawing room the rattan armchair and the rustic wooden tables contrast pleasingly with the bright blue-painted Provençal bench and chairs.

Hier bilden ein Korbsessel und schlichte Holzmöbel einen schönen Kontrast zur blauen Bank und den provenzalischen Stühlen.

«Je me sentais fait pour la retraite et la campagne. Il m'était impossible de vivre heureux ailleurs…»

"I feel a natural inclination to retirement and the country; it was impossible for me to live happily elsewhere…"

»Ich fühle mich für das Land und die Einsamkeit geboren; es war mir unmöglich, anderswo glücklich zu leben…«

JEAN-JACQUES ROUSSEAU
Les Confessions · Confessions · Bekenntnisse

REMERCIEMENTS
ACKNOWLEDGEMENTS
DANKSAGUNG

Ce livre, le premier d'une longue série espérons-nous, n'aurait jamais vu le jour sans Angelika Taschen qui l'a inspiré, et sans l'enthousiasme de son époux, Benedikt Taschen. Et puis, il y a tous ceux qui nous ont ouvert leurs portes et leur cœur, devenant par la suite des amis inestimables. Nos remerciements vont aussi à Ursula Fethke qui a guidé ce projet avec une sensibilité et une patience remarquables et aux traducteurs et à l'équipe technique des Editions Taschen, qui ont donné le meilleur de leur talent pour que les illustrations de cet ouvrage aillent droit au cœur de tous ceux qui ont su garder un esprit romantique.

This book – which we hope will be the first in a long series – would never have seen the light of day without the inspiration of Angelika Taschen or the enthusiasm of her husband Benedikt. And this is not to mention all those people who opened their homes and their hearts to us and later became very dear friends. Our thanks also go to Ursula Fethke who co-ordinated the project with remarkable sensitivity and patience, to the translators, and to the technical team at Taschen, who gave the best of their talent to ensure that the images in this book should go straight to the hearts of those for whom the spirit of romance has never died.

Dieses Buch – das erste in einer hoffentlich langen Reihe – hätte ohne Angelika Taschen und das Engagement ihres Mannes Benedikt Taschen nie das Licht der Welt erblickt. Nicht zu vergessen all die Menschen, die uns ihre Türen und ihr Herz geöffnet haben und bald zu unschätzbaren Freunden wurden. Unser Dank gilt auch Ursula Fethke, die dieses Projekt mit bemerkenswerter Sensibilität und Geduld betreut hat, den Übersetzern und dem technischen Team des Taschen Verlages, die ihr ganzes Können dafür eingesetzt haben, damit dieses Buch die Menschen, die sich einen Sinn für Romantik bewahrt haben, mitten ins Herz trifft.

Barbara & René Stoeltie

COUVERTURE: *Dans la Ferme de Bellefonds, Normandie (voir pages 10–19)*

FRONT COVER: *Inside the Ferme de Belle-fonds, Normandy (see pages 10–19)*

UMSCHLAGVORDERSEITE: *In der Ferme de Bellefonds, Normandie (siehe Seite 10–19)*

DOS DE COUVERTURE: *Détail de la maison de Frédéric Méchiche, Côte d'Azur (voir pages 154–163)*

BACK COVER: *Detail of the home of Frédéric Méchiche, Côte d'Azur (see pages 154–163)*

UMSCHLAGRÜCKSEITE: *Detailansicht aus dem Haus von Frédéric Méchiche, Côte d'Azur (siehe Seite 154–163)*

PAGES DE GARDE: *Détail de la Ferme de Bellefonds, Normandie*

ENDPAPER: *Detail of the Ferme de Bellefonds, Normandy*

VORSATZPAPIER: *Detailansicht aus der Ferme de Bellefonds, Normandie*

PAGE 2: *Dans la maison de Frédéric Méchiche, Côte d'Azur*

PAGE 2: *Inside the home of Frédéric Méchiche, Côte d'Azur*

SEITE 2: *Im Haus von Frédéric Méchiche, Côte d'Azur*

PAGE 4: Jean-Honoré Fragonard, *Le colin-maillard* (1750–1752), The Toledo Museum of Art, Toledo (Ohio), Don d'Edward Drummond Libbey

PAGE 4: Jean-Honoré Fragonard, *Blindman's Buff* (1750–1752), The Toledo Museum of Art, Toledo (Ohio), Gift of Edward Drummond Libbey

SEITE 4: Jean-Honoré Fragonard, *Das Blindekuhspiel* (1750–1752), The Toledo Museum of Art, Toledo (Ohio), Schenkung Edward Drummond Libbey

© Benedikt Taschen Verlag GmbH
Hohenzollernring 53, D-50672 Köln

Design by Catinka Keul, Cologne
Layout by Angelika Taschen, Cologne
Texts edited by Ursula Fethke, Nazire Ergün, Cologne
English translation by Isabel Varea, London
German translation by Marion Valentin, Cologne

ISBN 3-8228-7103-6 (French cover)
ISBN 3-8228-7075-7 (English cover)
ISBN 3-8228-7138-9 (German cover)